DESCRIPTION

DES PRINCIPALES

ARTILLERIES ÉTRANGÈRES

TOME DEUXIÈME

ARTILLERIE RUSSE . . . . . . par M. le capitaine **Manceron**.
ARTILLERIE SUISSE . . . . . par M. le capitaine **Jouffret**.
ARTILLERIE ITALIENNE . . par M. le capitaine **Jouart**.

FONTAINEBLEAU

ÉCOLE D'APPLICATION DE L'ARTILLERIE ET DU GÉNIE

1874

PRINCIPALES

ARTILLERIES ÉTRANGÈRES

DESCRIPTION

DES PRINCIPALES

ARTILLERIES ÉTRANGÈRES

TOME DEUXIÈME

ARTILLERIE RUSSE . . . . . . par M. le capitaine **Manceron**.
ARTILLERIE SUISSE . . . . . par **M.** le capitaine **Jouffret**.
ARTILLERIE ITALIENNE . . par M. le capitaine **Jouart**.

FONTAINEBLEAU

ÉCOLE D'APPLICATION DE L'ARTILLERIE ET DU GÉNIE

1874

ARTILLERIE RUSSE

ARTILLERIE DE CAMPAGNE.

I. Bouches a feu. — Système de 1861. — Système actuel. — Fermetures de culasse. — Hausses. — Données numériques. — II. Munitions. — Poudre, charges, projectiles, fusées, chargement des projectiles. — III. Affuts et voitures. — IV. Effets du tir. — V. Mitrailleuses.

I. BOUCHES A FEU (¹).

Système de 1861. — L'adoption de l'artillerie rayée, en Russie, remonte à l'année 1861. Le système d'artillerie de campagne, introduit à cette époque, était calqué sur le système français et comprenait les bouches à feu suivantes :

1° Canon de 4 rayé, de campagne (de nouvelle création);

2° Canon de 12 rayé, de campagne (ancien c. de 12 de réserve transformé);

(¹) Les mesures en usage dans l'artillerie russe sont les suivantes :

Mesures de longueur. La *sagène* vaut 2ᵐ,13356; le *pas*, 0ᵐ,70; le *foute* a la même valeur que le pied anglais, 0ᵐ,304795; il se divise en 12 *diouïmes* (pouces), et le diouïme en 10 lignes.

Mesures de poids. Le *poud* vaut 16ᵏ,381, et se divise en 40 *founts* (livres) de 0ᵏ,4095; le *zolotnik* $\left(\frac{1}{96}\ \text{de livre}\right)$ vaut 4ᵍʳ,266.

TABLE DE CONVERSION DES											
Sagènes en mètres.		Foutes en mètres.		Diouïmes en millimèt.		Pouds en kilogr.		Founts en kilogr.		Zolotniks en grammes	
1	2,133	1	0,305	1	25,4	1	16,381	1	0,410	1	4,266
2	4,267	2	0,610	2	50,8	2	32,762	2	0,819	2	8,532
3	6,401	3	0,914	3	76,2	3	49,143	3	1,229	3	12,797
4	8,534	4	1,219	4	101,6	4	65,524	4	1,638	4	17,063
5	10,668	5	1,524	5	127,0	5	81,905	5	2,048	5	21,329
6	12,801	6	1,829	6	152,4	6	98,286	6	2,457	6	25,595
7	14,935	7	2,134	7	177,8	7	114,657	7	2,867	7	29,861
8	17,069	8	2,438	8	203,2	8	131,048	8	3,276	8	34,126
9	19,202	9	2,743	9	228,6	9	147,429	9	3,686	9	38,392
10	21,336	10	3,048	10	254,0	10	163,810	10	4,095	10	42,658

3° Canon de 4 rayé, de montagne (de nouvelle création).

Ces pièces étaient de même calibre que les pièces françaises correspondantes, mais elles en différaient un peu par les rayures, dont le pas avait été allongé de $\frac{1}{8}$ environ et dont le flanc directeur, rectiligne et à arête vive dans les pièces françaises, était formé dans les pièces russes par un arc de cercle tangent à l'âme et tournant sa convexité vers l'axe.

La forme des projectiles éprouva successivement différentes modifications. Les premiers avaient la tête ogivale, le culot plat et le corps muni de 3 cannelures circulaires; plus tard, on supprima les cannelures, la tête fut formée par une demi-sphère avec méplat, et le culot par une calotte sphérique très-surbaissée avec arêtes arrondies. Enfin dans une dernière modification, définitivement adoptée, le cylindre se terminait à l'avant par une tête ovale avec méplat et à l'arrière par une surface analogue, coupée par un culot plat.

Système actuel. — L'exécution du nouvel armement était peu avancée en 1866, et les bouches à feu rayées se trouvaient encore en minorité. Lorsque la guerre de Bohême eut mis en relief les qualités du système prussien, la Russie songea à exécuter une transformation radicale de son artillerie, et dès 1867 elle adopta l'acier et le chargement par la culasse. Elle s'adressa à M. Krupp pour la fabrication de ses nouvelles pièces, mais en même temps, soit pour utiliser les quantités considérables de bronze qu'elle possédait, soit pour arriver à compléter plus promptement son matériel, elle fit couler dans ses propres établissements des pièces en bronze, qui furent mises en service concurremment avec les pièces en acier.

Le système primitif fut d'ailleurs perfectionné pendant la fabrication; cette circonstance, jointe à la diversité des origines, a produit dans l'artillerie de campagne un manque d'unité fâcheux, qui disparaîtra lorsque les pièces des premiers modèles auront été mises hors de service.

Depuis la fin de 1869, l'armement nouveau est achevé ; il a été substitué à l'ancien, qui peut être encore utilisé en Asie, mais qui ne figurerait plus dans une guerre européenne.

Le système actuel comprend :

BRONZE.		Canon de 4 rayé, de campagne Canon de 9 id. id. Canon de 3 rayé, de montagne	Avec fermeture à coin prismatique.
ACIER.	Nouveau modèle.	Canon de 4 rayé, de campagne Canon de 9 id. id.	Avec fermeture à coin cylin- dro-prismatique.
	Ancien modèle.	Canon de 4 rayé, de campagne	Avec fermeture à double coin.
		id. id. id.	Avec fermeture à coin prismatique et levier excentr.

Le nombre des modèles des bouches à feu de campagne est donc actuellement de 7 et sera réduit à 5, lorsque les pièces de 4 ancien modèle auront disparu.

Fermetures de culasse. — Dans toutes les pièces, l'obturation est produite au moyen d'un anneau Broadwell, placé à l'arrière de la chambre, dans les pièces en acier, et à la face antérieure du coin, pour les pièces en bronze.

Dans ce dernier cas, la partie postérieure de la chambre reçoit une bague en acier, contre la tranche de laquelle vient s'appuyer la partie plane de l'anneau, qui est placé dans son logement d'une manière inverse à la disposition habituelle.

Coin prismatique. (Pl. XV, fig. 1.) — Ce système, employé exclusivement dans les bouches à feu en bronze, est celui qui a été adopté pour le canon suisse de $8^c,4$ [1]. Le coin est en bronze, la plaque en acier est évidée pour recevoir l'anneau obturateur. La vis de fermeture est placée à la partie postérieure du coin, dont les mouvements d'entrée et de sortie sont limités par une vis-arrê-

[1] Voir la livraison d'octobre 1872, page 75.

toir, qui s'engage dans une rainure pratiquée sur la face supérieure. Aux extrémités de cette rainure, sont vissés deux grains en acier ayant pour but d'éviter les dégradations qui résulteraient du choc direct de l'arrêtoir contre le bronze.

Coin cylindro-prismatique. (Pl. XV, fig. 2.) — Ce coin est adopté exclusivement pour les pièces en acier du nouveau modèle. Le dispositif diffère peu de celui du canon prussien de 8ᶜ à coin cylindro-prismatique. La vis de fermeture est placée à la partie supérieure du coin et une goupille à ressort formant arrêtoir est fixée contre la tranche de la culasse.

Double coin Kreiner. (Pl. XV, fig. 3.) — Ce système ne diffère du système prussien à double coin que par quelques détails faciles à saisir sur la figure.

Dans toutes les bouches à feu pour lesquelles on emploie cette fermeture, la culasse a reçu de chaque côté un élargissement en forme de saillie cylindrique, qui augmente la longueur de la mortaise.

Coin prismatique avec levier. — Ce système ne se trouve que dans les premières bouches à feu fournies par l'usine Krupp. Le coin est prismatique, mais son mouvement est obtenu au moyen d'un levier placé à la partie gauche et mobile autour d'un axe vertical. Ce levier remplace la vis de fermeture ; quand la culasse est fermée, il est rabattu contre le canon. Pour ouvrir la culasse, on fait tourner le levier d'arrière en avant ; son extrémité antérieure vient buter contre la face gauche du renfort carré, et le coin est légèrement dégagé de son logement ; on achève ensuite le mouvement en tirant directement sur le levier.

Pour empêcher le coin de glisser hors de la mortaise au moment du tir, on se sert d'un verrou, dont une extrémité s'engage dans une cavité ménagée à cet effet sur la face postérieure du logement. Le déplacement du verrou s'obtient par la rotation d'une tige munie d'un excentrique qu'on met en mouvement au moyen d'un levier placé au-dessous du précédent.

Dans ces divers systèmes de fermeture, la partie droite du coin fait saillie hors du logement; on la protége, dans les pièces en bronze et les pièces en acier nouveau modèle, par un manchon cylindrique en laiton, dans les pièces ancien modèle par un couvercle complet, mobile autour d'une charnière et maintenu en place au moyen d'un tourniquet.

Formes extérieures. — *Canons de 4.* — Les canons en bronze se divisent extérieurement en trois parties, *une volée tronconique*, occupant un peu plus de la moitié de la longueur de la pièce, *un renfort cylindrique* et *une culasse* ou *renfort carré*. Des gorges raccordent ces parties entre elles.

Les canons en acier (nouv. mod.) n'ont qu'une volée tronconique et un renfort carré, tandis que ceux de l'ancien modèle se composent de trois parties comme les canons en bronze. L'un de ces derniers possède, comme on l'a vu, un renfort cylindrique de chaque côté de la culasse.

Dans toutes ces bouches à feu, l'axe des tourillons rencontre celui de la pièce, mais le centre de gravité se trouve en arrière du point d'intersection.

Canons de 9. — La forme extérieure des canons de 9 est semblable à celle des canons de 4 de même métal. Le diamètre des tourillons est le même pour les deux calibres, mais l'écartement des embases est plus grand pour le 9 que pour le 4. L'axe des tourillons passe à $7^{mm},5$ au dessous de celui de la bouche à feu, la prépondérance est à la culasse.

Canon de 3. — On distingue dans cette pièce une volée tronconique et un renfort carré. L'axe des tourillons rencontre celui de la pièce. La prépondérance est à la culasse.

Toutes les bouches à feu qu'on vient de décrire portent,

près de la bouche, deux crochets vissés l'un au-dessus, l'autre au-dessous de la volée et destinés à supporter un couvre-bouche. Le crochet supérieur est muni d'une rainure servant de cran de mire.

Formes intérieures. — La disposition intérieure est analogue à celle des canons prussiens. La chambre et l'âme sont concentriques et reliées entre elles par un raccordement conique. La profondeur et le pas des rayures sont constants, mais leur largeur diminue de la culasse à la bouche.

Le canal de lumière est perpendiculaire à l'axe et le grain s'introduit par l'intérieur.

Hausses. (Pl. XV, fig. 4.) — Les hausses sont formées de deux tiges cylindriques à pan coupé, s'emboîtant l'une dans l'autre. Les divisions sont tracées sur les pans coupés et se font suite. La règle intérieure est maintenue au moyen d'une vis de pression portée par la tête de l'autre règle et elle reçoit à sa partie supérieure une réglette carrée dont la direction est perpendiculaire à la sienne. Sur la face supérieure de cette réglette est pratiquée une rainure en queue d'aronde, dans laquelle glisse, à frottement dur, une tige de même forme, maintenue par deux ressorts. A cette dernière est adaptée une plaque verticale avec cran de mire ; des divisions tracées sur la face supérieure de la réglette permettent de corriger la dérivation. Le canal de hausse est cylindrique ; la tige extérieure est maintenue en place au moyen d'une vis de pression qui agit sur un ressort appliqué contre le pan coupé de la tige. Un logement pratiqué à la partie supérieure du canal reçoit la réglette quand la hausse est au zéro.

Les guidons ont la forme d'une pyramide tronquée ; ils se vissent sur l'embase du tourillon droit pour les pièces de 4 ancien modèle et sur des supports adaptés à l'embase pour les autres pièces de 4 et de 9.

Données numériques. — On trouvera dans le tableau suivant les principales données relatives aux dimensions et aux poids des bouches à feu.

Dimensions et poids des bouches à feu.

	CANONS DE 4 DE CAMPAGNE.				CANONS DE 9 de campagne.		CANON DE 3 de montagne.
	Bronze. Coin prismatique.	Acier. Coin cylindro-prismatique.	Acier. double coin de Kreiner.	Acier. Coin prismatique à levier.	Bronze. Coin prismatique.	Acier. Coin cylindro-prismatique.	Bronze. Coin prismatique.
Diamètre de l'âme (entre les cloisons)	86mm,9	86mm,9	86mm,9	86mm,9	106mm,7	106mm,7	76mm,2
Diamètre de la chambre	90mm,9	90mm,9	90mm,9	90mm,9	111mm,3	111mm,9	80mm,9
LONGUEUR — de la partie rayée	1213mm	1213mm	1194mm	1194mm	1353mm	1358mm	342mm
LONGUEUR — du cône de raccordement	51mm	51mm	51mm	51mm	51mm	51mm	51mm
LONGUEUR — de la chambre	279mm	270mm	279mm	279mm	350mm	350mm	216mm
LONGUEUR — totale de l'âme	1543mm	1543mm	1524mm	1524mm	1750mm	1750mm	610mm
LONGUEUR — totale de la pièce	1740mm	1778mm	1603mm	1694mm	2097mm	2184mm	744mm
Longueur du pas	3554mm	3584mm	3584mm	3634mm	5334mm	5334mm	2667mm
RAYURES — Inclinaison	4°21'	4°21'	4°21'	4°21'	3°31'	3°31'	5°8'
RAYURES — Largeur à la culasse	16mm,2	16mm,2	15mm,6	15mm,6	18m,9	18mm,9	12mm,6
RAYURES — Largeur à la bouche	19mm,7	19mm,7	19mm,7	19mm,7	17m,4	17mm,4	16mm,1
RAYURES — Profondeur	1mm,4	1m,4	1mm,4	1mm,4	1mm,5	1mm,6	1mm,4
RAYURES — Nombre	12	12	12	12	16	16	12
Largeur des cloisons — à la culasse	8mm,0	8mm,0	9mm,0	9mm,0	3mm,5	3mm,5	2mm,5
Largeur des cloisons — à la bouche	7mm,6	7mm,6	7mm,1	7mm,1	7mm,0	7mm,0	
TOURILLONS — Diamètre	88mm,8	88mm,8	88mm,8	88mm,8	88mm,8	88mm,8	58mm,4
TOURILLONS — Longueur	88mm,9	69mm,9	88mm,9	88mm,9	76m,2	76mm,2	58mm,4
Écartement des embases	223mm,6	223mm,6	223mm,6	223mm,6	265mm,2	255mm,4	175mm,4
Distance de l'axe du touril. à cel. d. l. pièce	0	0	0	0	0	0	0
Longueur de la ligne de mire	724mm	724mm	724mm	724mm	819mm	819mm	886mm,6
Poids de la pièce avec fermeture	345k	319k	288k	337k	625k	629k	102k
Poids de la fermeture	32k	40k	31k		46k	56k	
Prépondérance de culasse avec la fermeture	48k	42k		46k	60k	42k	17k

(note : « Aucun modèle. »)

II. MUNITIONS.

Poudre. — La poudre usitée en Russie a la composition suivante :

75 % de salpêtre;

15 % de charbon;

10 % de soufre.

On emploie pour la fabriquer les pilons, les meules, ou la presse, et, suivant la grosseur des grains, on obtient la poudre à canon ou la poudre à fusil. On ne fait usage de la poudre prismatique que pour les bouches à feu de gros calibre.

Charges. — Les charges contenues dans des sachets en bourre de soie sont séparées des projectiles, sauf pour les boîtes à mitraille; dans ce dernier cas, la partie antérieure du sachet est fixée par une ligature au culot. Les poids des charges sont les suivants :

BOUCHES A FEU.	TIR de plein fouet.	TIR PLONGEANT	
		Grande charge.	Petite charge.
	gramm.	gramm.	gramm.
Canon de 9 de campagne.	1227	423	306
id. 4 id.	616	278	163
id. 3 de montagne.	341	»	»

Projectiles. — Les projectiles en service pour les bouches à feu de campagne et de montagne sont :

Obus de 9, 4 et 3 . . { Ordinaires, Incendiaires, à balles ;

Charokhs de 9 et 4 . . à balles ;

Boîtes à mitraille de 9, 4 et 3.

Obus. (Pl. XVI, fig. 7 et 8.) — Dans un même calibre les divers obus ne diffèrent que par le chargement intérieur. La tête est ogivale et terminée par un méplat. Le corps cylindrique a quatre rainures circulaires et deux longitudinales. Le manchon en plomb n'est pas soudé, il n'est maintenu que par les rainures. Extérieurement il présente 4 bourrelets dont le diamètre est égal à celui de l'âme au fond des rayures.

Charokh. (Pl. XVI, fig. 9.) — On désigne sous ce nom un obus particulier adopté récemment par l'artillerie russe dans le but de remédier au ricochet défectueux des obus oblongs et de donner au tir des canons rayés les avantages que possédaient sous ce rapport les pièces lisses. La tête du charokh est une sphère complète, réunie au corps du projectile par une partie mince, qui se brise au moment de l'éclatement; la sphère est ainsi rendue libre et peut ricocher. La jonction des deux parties se trouve vers la partie médiane de la demi-sphère inférieure, le corps a la même disposition que celui des obus ordinaires, et le manchon de plomb maintenu par les rainures se raccorde avec la demi-sphère antérieure. L'œil traverse la tête tout entière et reçoit à sa partie inférieure un tampon fileté en laiton, destiné à empêcher la rupture, sous l'effort des gaz, de cette partie moins résistante de la sphère.

Dans des expériences comparatives de tir exécutées en 1870 sur des charokhs à balles et des obus à balles de 4 et de 9, on a reconnu que les effets des premiers n'étaient pas inférieurs à ceux des seconds, que la sphère ricochait d'une manière remarquable et que les portées étaient peu différentes.

Boîtes à mitraille. (Pl. XVI, fig. 10.) — Elles se composent d'un corps cylindrique en fer-blanc, muni vers son milieu d'un bourrelet destiné à limiter l'enfoncement de la boîte lors du chargement. Le culot est en bois dur, recouvert de tôle sur ses deux faces. Le couvercle est aussi en tôle. Les extrémités du corps sont garnies de franges qu'on rabat sur le couvercle et sur le culot. Ce dernier est maintenu en place au moyen d'une rainure qui sert à fixer la charge.

Fusées. — L'œil des projectiles a le même diamètre pour les trois calibres et la même fusée peut servir pour tous. Les obus ordinaires et incendiaires, ainsi que les charokhs à balles, reçoivent une fusée percutante, tandis que les obus à balles sont munis de fusées à temps.

Fusée percutante. (Pl. XV, fig. 6.) — La fusée percutante russe est analogue à la fusée prussienne, mais ses divers éléments, au lieu d'être séparés comme dans cette dernière, sont réunis sur un même corps de fusée qui se visse dans l'œil du projectile.

Ce corps est creux; la partie inférieure de la cavité reçoit le percuteur, *p*, un taraudage pratiqué à la partie supérieure permet de fixer la *vis-écrou*, *v*. La goupille de sûreté, *g*, est logée dans la tête même de la fusée et non dans l'obus. Cette tête porte une saillie, *a*, percée d'un trou perpendiculaire au logement de la goupille; un fil de laiton qui traverse à la fois cette ouverture et la tête de la goupille empêche cette dernière de s'échapper. On place en même temps que ce fil de laiton un brin de mèche, dont une des extrémités est fixée sur une petite masse en plomb, *m*, logée dans une alvéole sur la tête de la fusée. La goupille ne devient libre que lorsque, par l'effet de la rotation, cette masse en plomb a été rejetée au dehors en entraînant le brin de mèche. Le fil de laiton est fixé à un ruban collé à la fois sur la saillie et sur la masse de plomb, de façon à empêcher la poussière de pénétrer et à maintenir la masse dans son logement. On interpose en outre, entre la vis porte-amorce et le percuteur, un ressort à boudin en laiton, *r*, qui diminue un peu la sensibilité de l'appareil. Au moment du tir, on décoiffe la fusée et on enlève en même temps le fil de laiton.

Fusée à temps. (Pl. XV, fig. 5.) — La disposition de cette fusée, en alliage d'étain et d'antimoine, est analogue à celle de la fusée prussienne, mais l'inflammation est produite par un appareil différent. Le corps de fusée contient à sa partie inférieure une chambre à poudre, *c*, qui débouche sur la face supérieure du plateau. Une rondelle en feutre est interposée entre le disque, *d*, et le plateau; un quadrillage pratiqué sur ce dernier la maintient en place pendant le réglage. L'arbre est cylindrique et fileté à sa partie supérieure; un écrou hexagonal, *e*, permet de fixer le disque à composition. Ce dernier est semblable à celui de la fusée prussienne; sur la paroi de son ouverture centrale est ménagé un logement, *l*, qui occupe en longueur la moitié de la circonférence et en hauteur la moitié de l'épaisseur du disque. Il communique avec l'origine de la rainure annulaire et sa surface est saupoudrée de grains de poudre collés par un vernis.

Une plaque hexagonale en laiton, *p*, avec 4 encoches, est placée sur le disque; deux tenons, *t*, en saillie sur la face supérieure de ce dernier sont engagés dans deux des encoches; les deux autres sont destinées à recevoir les dents d'une clef. L'arbre de la fusée est creux, une pointe est fixée au fond de la cavité; trois évents, *v*, qui établissent la communication entre l'intérieur de l'arbre et l'extérieur, débouchent à hauteur du logement du disque à composition.

Dans les magasins et pendant les transports, la cavité de l'arbre est fermée par un bouchon en liége. Un papier d'étain, collé sur les joints du disque et du plateau et sur le bouchon de liége, empêche l'humidité de pénétrer. Au moment du tir, on remplace le bouchon par un tampon spécial, *a*, portant l'amorce. Ce tampon, qui est creux, reçoit dans son intérieur une masselotte en plomb, *m*, à la partie inférieure de laquelle est placée une pastille fulminante recouverte de papier d'étain. Cette masselotte porte une boucle, *b*, en laiton, par laquelle on la suspend dans l'intérieur du tampon au moyen d'un fil mince de laiton, qui traverse la tête du tampon et la boucle de la masselotte. Au départ, par l'effet de l'inertie, la masselotte frise le fil et vient frapper l'aiguille du fond de l'arbre creux. Les gaz provenant de l'inflammation de la pastille fulminante communiquent le feu à la composition fusante à travers les évents de l'arbre. Le tampon est recouvert de papier d'étain et fermé à sa base par un petit bouchon de liége qu'on enlève avant la mise en place du tampon.

Fusées pour le tir d'exercice. — Dans un but d'économie, on a mis récemment en service, dans l'artillerie russe, des fusées spéciales, qui communiquent le feu à une charge explosive très-faible, mais suffisante pour chasser la fusée sans briser le projectile. Elle produit un nuage de fumée assez considérable pour qu'on puisse observer le point d'éclatement. Ces fusées sont analogues aux fusées réglementaires, mais le corps est en métal mou et le nombre des filets assez réduit pour que la fusée puisse être chassée sans que l'œil du projectile soit endommagé. La charge est contenue dans un sac en plomb fixé par une ligature à la partie inférieure du corps de fusée. La charge est de 60 grammes, et formée de deux parties de pulvérin et une partie d'antimoine en poudre.

Chargement des projectiles. — Les obus ordinaires sont remplis de poudre; les obus incendiaires reçoivent une charge d'éclatement et des cylindres de roche à feu en nombre variable suivant les calibres; les uns et les autres sont armés de fusées percutantes.

Le chargement des obus à balles a été modifié récemment. Primitivement les balles étaient disposées autour d'un tube central et maintenues au moyen de soufre. Le tube et le reste de la cavité étaient remplis de poudre. Actuellement on verse les balles de façon à remplir l'obus ou le charokh, et on comble ensuite les interstices avec de la poudre à fusil que l'on tasse en secouant le projectile. On fait usage de fusées à temps pour les obus à balles, tandis que les charokhs sont armés de fusées percutantes.

Pour le calibre de 9, l'œil des obus est plus long, et fermé à sa base par un tampon en zinc, percé d'un canal central. L'extrémité inférieure de ce canal est recouverte d'une rondelle de toile fine destinée à empêcher la poudre de s'échapper. A l'autre extrémité, un trou carré dans lequel on engage une clef, sert à mettre en place le tampon. Dans les charokhs, le tampon, comme on l'a vu, est en laiton. Les balles dont on fait usage sont en plomb durci (alliage de plomb et d'antimoine). Leur diamètre est de 15^{mm},9 (6 ^{lig}. 25) et leur poids de 24 grammes.

Les boîtes à mitraille sont remplies de balles également en plomb durci, dont le diamètre est de 23^{mm}8, et le poids de 72 grammes.

Le tableau suivant résume les principales données relatives aux projectiles.

Données relatives aux projectiles.

	PROJECTILES		
	de 3.	de 4.	de 9.
Obus ordinaire.			
Poids du corps de l'obus.................	2^k,250	3^k,174	6^k,341
id. du manchon......................	1^k,382	2^k,153	4^k,094
id. de la charge explosive..............	0^k,154	0^k,204	0^k,409
id. de la fusée.....................	0^k,204	0^k,204	0^k,204
Poids total.....................	3^k,990	5^k,735	11^k,040
Obus incendiaire.			
Nombre de cylindres de roche à feu...........	4	5	8
Poids de la charge explosive..............	0^k,103	0^k,179	0^k,309
Poids total.....................	3^k,996	5^k,764	11^k,106
Obus à balles.			
Nombre de balles.......................	25 (¹)	55	105
Poids d'une balle....................	24^g	24^g	24^g
Charge explosive....................	39^g (¹)	24^g	39^g
Poids total.....................	4^k,551	6^k,549	12^k,758
Charokh à balles.			
Nombre de balles.......................	»	34	68
Poids d'une balle....................	»	24^g	24^g
Charge explosive....................	»	16^g	26^g
Poids total.....................	»	?	?
Boîte à mitraille.			
Nombre de balles.......................	41	48	108
Poids d'une balle....................	72^g	72^g	72^g
Poids total.....................	3^k,961	4^k,859	10^k,140

III. AFFUTS ET VOITURES.

La Russie a adopté définitivement le fer pour la construction de ses affûts. Jusque dans ces derniers temps, elle avait encore eu service un affût en bois, dit *affût léger*

_____

(¹) Ancien mode de chargement.

(mod. 1845), qui avait été modifié pour l'usage des pièces de 4 et 9.

Les affûts réglementaires sont actuellement les suivants :

> Affût de 4 à flasques mobiles ;
> id.   id.   sans flasques mobiles ;
> id. de 9   id.
> id. de 3 de montagne.

Affûts de 4 à flasques mobiles. (Pl. XVI, fig. 11 et 12.) — Cet affût, présenté en 1865 par le colonel Fischer, se fait remarquer par une disposition particulière qu'on retrouve dans l'affût de 4 suisse.

Les flasques forment un système mobile autour d'un pivot placé au-dessus de l'essieu de manière à permettre le pointage latéral sans déplacer la crosse. Ils sont en tôle, renforcés sur les bords par des cornières fixées au moyen de rivets. Deux entretoises et deux boulons les réunissent. L'entretoise de devant porte une lunette dans laquelle s'engage le pivot, celle de derrière sert de bande circulaire de frottement.

Le corps de l'affût est formé de deux demi-flèches constituées de la même manière que les flasques et réunies comme elles par des boulons et des entretoises.

L'essieu est logé à la partie supérieure des flèches dans un encastrement renforcé par une bande de fer. Contre la face antérieure de l'essieu est appliquée, au moyen d'étriers, une sorte de cornière ayant la même longueur que le corps de l'essieu; sa partie horizontale sert de tablette et supporte le pivot.

Lorsque l'essieu et sa cornière sont assemblés, on les fixe sur les demi-flèches au moyen d'un cadre rectangulaire en fer, dont les grands côtés recouvrent les demi-flèches, tandis que les petits côtés servent d'entretoises. Ce cadre est maintenu, au moyen de rivets à tête noyée, sur les cornières des demi-flèches, de façon que leur face supérieure reste unie et que le mouvement des flasques ne soit pas gêné. Le petit côté antérieur est traversé par le pivot; l'autre correspond à l'entretoise de derrière des flasques.

A la crosse on fixe, sous les demi-flèches, de larges bandes de fer formant semelle.

Une entretoise de crosse porte la lunette e cheville-ouvrière et un crochet destiné à recevoir la chaîne d'embrêlage de l'avant-train.

Un levier de pointage fixé extérieurement contre la demi-flèche peut se rabattre en avant. Pendant le tir, on le relève, il s'appuie alors contre une pièce en forme de fourche et y est maintenu au moyen d'une clavette.

Le pivot des flasques est une tige cylindrique filetée à ses deux extrémités et munie d'une embase. Un écrou double le fixe sur la tablette de l'essieu; lorsque les flasques sont en place, on visse également un double écrou à la partie supérieure du pivot, de façon à l'empêcher de sortir de la lunette.

Appareil de pointage. — Le déplacement des flasques s'obtient au moyen d'une vis sans fin qui est portée par les demi-flèches et qui, en tournant, fait mouvoir un écrou adapté à l'entretoise de derrière des flasques. Le mouvement est donné au moyen d'une manivelle placée contre la demi-flèche de droite.

Le mécanisme employé pour le pointage en hauteur est assez compliqué.

La vis de pointage se compose d'une vis extérieure qui tourne dans un écrou et d'une vis intérieure qui se meut dans la première.

L'écrou est fixé sur une plaque solide munie de deux tourillons supportés eux-mêmes par deux ferrures appliquées contre l'intérieur des flasques.

Au-dessous de l'écrou est placé un cylindre creux, à travers lequel passe la vis extérieure et dont le diamètre intérieur est plus grand que celui de la vis. Il est denté extérieurement et reçoit son mouvement de rotation d'une vis sans fin placée horizontalement. Une mortaise en queue d'aronde, pratiquée dans l'intérieur de ce cylindre, parallèlement à l'axe, reçoit une tige de même forme qui fait saillie à l'intérieur et porte des dents dont l'écartement est égal à celui des filets de la vis. C'est au moyen de ces dents que le mouvement du cylindre se communique à la vis. Les filets de cette dernière sont interrompus suivant une génératrice; la largeur de l'intervalle est égale à celle de la partie saillante de la tige, de sorte qu'on peut retirer le cylindre d'un seul coup quand on démonte l'appareil. Cette partie du mécanisme est enfermée dans une boîte carrée, dont le fond est formé par la plaque à tourillons, et dont le dessus est en tôle épaisse. Quatre boulons réunissent ces deux parties et maintiennent en même temps la boîte dont ils occupent les angles. La vis sans fin est supportée directement par cette boîte; sa tige se prolonge à gauche et passe au travers d'une ouverture ménagée dans le flasque. Un volant, fixé à l'extrémité, sert à la manœuvre de la vis.

Le cylindre à dents est maintenu et guidé, dans son mouvement, d'un côté, vers le haut, par le couvercle de la boîte; de l'autre, vers le bas, par une saillie annulaire ménagée sur la face supérieure de l'écrou.

Ce système d'affût a des inconvénients nombreux que l'expérience a fait reconnaître; son poids est considérable et sa construction très-compliquée. Dans le tir, lorsque les flasques ont été déplacés latéralement, le recul n'agit plus suivant l'axe de l'affût et donne alors naissance à une composante perpendiculaire, qui tend à disloquer l'assemblage des flasques et nuit à la résistance générale.

Un affût sans flasques mobiles, destiné à remplacer le précédent, a été adopté en 1869 (25/13 novembre). Il est construit d'après le système de l'affût de 9 qui va être décrit; son poids est inférieur de $\frac{1}{4}$ à celui de l'affût à flasques mobiles; la pression de la crosse sur le sol a été diminuée afin de faciliter la manœuvre, et les tourillons rapprochés de l'essieu pour augmenter la stabilité de la voiture en abaissant le centre de gravité.

Affûts de 9. (Pl. XVI, fig. 13 et 14.) — Cet affût se compose de deux flasques longs en tôle, renforcés sur leurs bords par des cornières fixées au moyen de rivets. L'essieu est logé dans la partie inférieure des flasques qui sont en outre réunis par des boulons d'assemblage avec manchons d'écartement et par une entretoise de crosse. Deux leviers de pointage mobiles peuvent se rabattre entre les flasques. Quand la pièce est en batterie, on les relève ; ils s'appuient alors contre des ferrures en forme de fourches et sont fixés au moyen de clavettes.

Le mécanisme de pointage se compose de deux vis qui tournent l'une dans l'autre. La vis extérieure porte à sa partie supérieure un volant qui permet de la manœuvrer. L'écrou, muni de deux oreilles, est placé sur un support mobile autour de deux tourillons qui reposent sur des garnitures en fer appliquées intérieurement contre les flasques. La tête de la vis intérieure est reliée à une fourchette qui tourne autour de l'un des boulons d'assemblage. Dans les transports, une chaîne à crochet maintient le volant.

Les roues sont les mêmes que celles de l'affût de 4.

Affûts de montagne. (Pl. XVI, fig. 15.) — La disposition générale de cet affût est analogue à celle de l'affût de 9. Les sous-bandes sont mobiles autour d'une charnière. Les flasques sont munis, près de la crosse, de deux crochets destinés à fixer l'enrayure.

Avant-train. (Pl. XVI, fig. 17.) — Le même avant-train sert pour les deux pièces de 4 et de 9.

Il se compose d'un essieu en fer, à corps prismatique, sur lequel on fixe deux armons au moyen d'étriers. Les parties de l'essieu comprises entre les armons et les roues sont recouvertes d'un corps d'essieu en bois, tandis que la partie médiane reste libre. Les armons ne sont pas parallèles. Ils se rapprochent à l'avant de manière à venir embrasser le têtard du timon ; à l'arrière, ils sont mainte--

ART. ÉTRANG.

2

nus par une sassoire en fer, boulonnée sur les armons et
reliée à l'essieu, vers le milieu, par une bande de fer. Une
volée est fixée sur les armons. Ses extrémités sont réunies
aux bouts des fusées d'essieu au moyen de tringles terminées d'un côté par un anneau et de l'autre par une partie
plane circulaire qui tient lieu de rondelle de bout d'essieu.
Une servante est fixée sous cette volée qui supporte aussi
un marche-pied.

Au milieu de la sassoire est placé un taquet en bois
que traverse la cheville ouvrière, fixée à sa partie inférieure
par un double écrou. Deux ferrures en croix consolident
le taquet et la cheville. Une chaîne d'embrêlage portée par
la sassoire s'engage dans le crochet de bout de crosse,
quand l'affût est sur l'avant-train. Un gros anneau est fixé
sur le milieu de l'essieu. On y engage la prolonge dont on
entoure ensuite les deux armons. Ces derniers sont conso-
lidés par des bandes de fer appliquées sur leurs faces
supérieure et inférieure. Le coffre est en bois recouvert
de tôle; on y suspend latéralement deux sacs en cuir dans
lesquels on place quelques-uns des accessoires de la pièce.
Le couvercle est muni de deux poignées.

Le nombre des chevaux de l'attelage est de 6 pour les
pièces de 4 et de 9.

Caisson. (Pl. XVI, fig. 16.)—Cette voiture est à deux roues
et attelée de 3 chevaux de front. Le corps de la voiture,
ou le châssis supporté par l'essieu, se compose de deux
brancards extérieurs, un brancard du milieu et deux
entretoises. Une volée est boulonnée à l'avant des trois
brancards, ses deux bouts sont reliés aux fusées d'essieu,
comme dans l'avant-train qu'on vient de décrire, et
portent en outre des crochets auxquels sont suspendus
des palonniers. Une limonière est fixée sur les brancards
extrêmes; on y attèle le cheval du milieu.

Le caisson porte un coffre unique de grandes dimensions, à couvercle en tôle s'ouvrant par le côté. Sous le
châssis, on place, en avant de l'essieu, un coffret à outils
et, en arrière, un seau d'abreuvoir. Un marche-pied des-

tiné aux servants assis sur le coffre est placé à l'arrière de la voiture. Ce marche-pied est mobile et peut se relever verticalement ; il est alors maintenu au moyen d'une tringle fixée sous la voiture.

Les autres voitures des batteries de campagne sont la forge, le chariot de batterie et les charrettes à bagages ou à fourrage.

Données relatives aux voitures.

VOITURES.		CANONS		
		de 3.	de 4.	de 9.
Affût.	Diamètre des roues	885mm	1385mm	1385mm
	Poids d'une roue.	27k	72k	72k
	Poids de l'affût (sans roues).	90k	321k	331k
	Haut. de l'axe des tourillons au-dessus du sol.	»	1064mm	1167mm
	Champ vertical du tir {au-dessus de l'horizon.	15°	23°	20°
	{au dessous de l'horizon.	7°	3°	5°
	Pression de la crosse sur le sol	»	98k	115k .
Av.-train	Diamètre des roues	»	1220mm	
	Poids d'une roue	»	65k	
	Poids de l'avant-train vide	»	387k	
Pièce	Voie de la voiture	800mm	1472mm	1472mm
	Longueur (sans l'attelage).	»	7m,27	7m,88
	Poids moyen (sans chargement).	»	1171k	1495k
Caisson	Diamètre des roues....................	»	1220mm	
	Voie	»	1472mm	
	Poids (vide)	»	475k	
	Longueur totale	»	3m,940	

Chargement des coffres.

		4		9	
		Avant-train	Caisson.	Avant-train	Caisson.
Obus	ordinaires	8	21	2	16
	incendiaires	»	5	»	4
	à balles	»	10	»	5 .
Charokhs à balles.		6	17	6	9
Cartouches à mitraille		4	3	4	2
Total des projectiles		18	56	12	36
Charges.					
Pour le tir de plein fouet.		14	53	8	34
Pour le tir plongeant. . {Grandes		»	10	»	18
{Petites		»	10	»	18

IV. EFFETS DU TIR.

Le tableau suivant renferme quelques-unes des données du tir des obus ordinaires de campagne.

Tir des obus ordinaires [1].

CANONS.	DISTANCES de tir.	ANGLES		VITESSES.	ÉCARTS moyens quadratiques en		
		de tir.	de chute		portée.	direction.	hauteur.
	mètres.			mètres.	mètres.	mètres.	mètres.
De 3......	0	»	»	211	»	»	»
	500	3°20'	3°30'	179	16,63	1,50	1,03
	1000	7° 5'	8°	143	27,94	4,17	4,30
	1500	11°40'	13°25'	101	52,47	7,06	12,20
De 4......	0	»	»	305	»	»	»
	500	1°25'	1°35'	283	16,6	0,64	0,49
	1000	3°10'	3°30'	263	18,55	1,28	1,14
	1500	5°	5°50'	247	20,5	1,88	2,13
	2000	7° 5'	8°55'	233	26	2,55	4,14
	2500	9°30'	12°30'	221	34	3,37	8,05
	3000	11°15'	16°50'	212	47,5	5,39	15,50
	3500	15°30'	22°30'	206	64,6	7,84	30 ?
De 9......	0	»	»	320	»	»	»
	500	1°10'	1°25'	304	13	0,30	0,83
	1000	2°45'	3°10'	285	15,5	0,62	0,85
	1500	4°35'	5°10'	260	18,6	1,25	1,71
	2000	6°20'	7°50'	246	23,5	1,94	3,23
	2500	8°25'	10°30'	225	30,0	2,53	5,89
	3000	10°45'	13°55'	209	37,0	3,92	10,06
	3500	13°30'	18°10'	193	48,0	5,47	16,8
	4000	16°10'	23°55'	182	63,9	7,57	32,3
	4500	20° 5'	32°20'	177	90,6	10,64	64

En 1870, des expériences de tir furent exécutées dans les polygones de Varsovie et de Moscou pour étudier les propriétés du nouveau projectile, le charokh, et comparer ses effets à ceux des obus à balles armés de fusées percutantes ou de fusées à temps.

---

[1] Les nombres de ce tableau ont été obtenus graphiquement à l'aide des tables de tir contenues dans l'*Aide-mémoire d'artillerie russe*. Les *écarts probables*, r, peuvent e déduire des *écarts moyens quadratiques*, e, au moyen de la formule : $r = 0,6745\ e$.

Le tableau suivant fait connaître les résultats obtenus :

Tir comparatif des obus à balles et des charokhs.

CANONS.	Distance de tir.	NATURE DES PROJECTILES.	dans les 3 premiers panneaux.	dans le 4e panneau.	dans le 5e panneau.	dans le 6e panneau.	Total pour les six panneaux.	dans les 2 bandes horizontales inférieures.	dans la 1re bande horizontale inférieure.
			NOMBRE MOYEN D'EMPREINTES pour chaque espèce de projectiles.					Pour cent du nombre total	
								°/₀	°/₀
De 9	200 sag. (427m)	Obus à balles avec fusée à temps...	101,1	9	6,4	4,5	121	62	29
		id. avec fusée percutante	86	25	12	8	131	75	27
		Charokhs à balles avec fusée perc.	143	15	10	4	172	85	43
	400 sag. (853m)	Obus à balles avec fusée à temps.	101	12	10	4	127	63	45
		id. avec fusée percut..	94,7	10	3,8	2,5	111	75	31
		Charokhs à balles avec fusée perc.	116,7	19	6,8	4	146	76	97
	600 sag. (1280m)	Obus à balles avec fusée à temps.	89,6	4,3	2,4	0,7	97	76	45
		id. avec fusée percut..	37,2	11,8	4,2	1,8	55	61	34
		Charokhs à balles avec fusée perc.	43,4	6,3	3	6	59	66	39
	800 sag. (1707m)	Obus à balles avec fusée à temps.	15,3	4,5	3,6	0,6	24	58	20
		id. avec fusée percut..	21,3	10,8	6,3	2,2	41	68	31
		Charokhs à balles avec fusée perc.	23,2	13,4	6,7	2,7	46	69	24
De 4	200 sag. (427m)	Obus à balles avec fusée à temps.	41,9	4,6	2	1,7	50,2	64	31
		id. avec fusée percut..	40,3	3,7	2,3	1,2	47,5	59	21
		Charokhs à balles avec fusée perc.	62,8	1,4	1,3	1,2	66,7	60	27
	400 sag. (853m)	Obus à balles avec fusée à temps.	77,1	10,7	5,2	3,2	96,2	72	36
		id. avec fusée percut..	51,4	5,9	2,3	0,6	70,7	75	37
		Charokhs à balles avec fusée perc.	75,7	4	2	0,4	82,1	70	32
	600 sag. (1280m)	Obus à balles avec fusée à temps	33,8	11,2	4,3	1,5	50,8	71	36
		id. avec fusée percut..	38,4	8,1	2,1	0,7	49,3	67	35
		Charokhs à balles avec fusée perc.	29,4	7,6	1,4	1,2	39,6	58	24
	800 sag (1707m)	Obus à balles avec fusée à temps.	37,7	2,8	1,6	0,3	42,4	75	32
		id. avec fusée percut..	10,3	3,3	2,3	0,8	16,7	74	33
		Charokhs à balles avec fusée perc.	24,8	2,4	0,6	0,2	28	57	22

On a employé les cibles en usage pour les tirs d'exercice. Elles se composent de 6 panneaux placés les uns derrière les autres. Chaque panneau a 25 pas (17ᵐ,50) de large et 9 foutes (2ᵐ,74) de haut. Les trois premiers panneaux sont séparés par un intervalle de 16 mètres et représentent une colonne de 32 mètres de profondeur. L'intervalle entre les trois derniers et entre le 3me et le 4me est de 32 mètres; la profondeur totale est donc de 126 mètres. Chaque cible est divisée en 25 bandes verticales d'un pas de largeur et en trois bandes horizontales égales. La première bande correspond à la hauteur du fantassin à genoux; les deux premières forment la hauteur du fantassin debout; et enfin la hauteur totale de la cible correspond à celle du cavalier.

Dans des expériences ayant pour but de reconnaître les effets produits par la tête des charokhs après l'éclatement au point de chute, on a obtenu les résultats suivants. Les portées de la tête du charokh sont comptées à partir du point de chute.

Tir des charokhs.

DISTANCES de tir.	PORTÉES et ÉCARTS de la tête du charokh.	4			9		
		Maximum.	Minimum.	Moyenne.	Maximum.	Minimum.	Moyenne.
		mètres.	mètres.	mètres.	mètres.	mètres.	mètres.
100 sag. (213^m)	Portée	1323	319	820	1493	961	1227
	Écart latéral	176	0	42	55	2	24
200 sag. (427^m)	Portée	917	628	773	917	725	821
	Écart latéral	53	19	35	32	29	11
300 sag. (640^m)	Portée	1258	480	1045	1599	1172	1308
	Écart latéral	225	29	59	41	25	30
400 sag. (853^m)	Portée	1258	960	1070	1280	704	985
	Écart latéral	109	0	51	32	3	16
600 sag. (1280^m)	Portée	965	640	791	1414	789	1166
	Écart latéral	217	7	54	164	52	110
800 sag. (1707^m)	Portée	1130	108	680	1616	853	1250
	Écart latéral	32	0,86	9	148	11	54

Les deux tableaux suivants donnent, le premier, les résultats du tir comparatif (1870) d'obus ordinaires et d'obus à balles armés de fusées percutantes; le deuxième, ceux du tir à mitraille.

Tir comparatif des obus ordinaires et des obus à balles armés de fusées percutantes.

				4		9	
				Obus ordinaire.	Obus à balles.	Obus ordinaire.	Obus à balles.
Cible réglementaire (17m,5 sur 2m,74).	100 sag. (213m).	Nombre de projectiles tirés		11	11	9	10
		Nombre moyen par projectile	de bandes vert. touchées	4,7	8,4	5,7	8,7
			d'empreintes	6,6	12,7	8,7	20,6
	200 sag. (427m).	Nombre de projectiles tirés		20	20	18	21
		Nombre moyen par projectile	de bandes vert. touchées	7,1	9,5	8,7	12
			d'empreintes	10,7	23,2	14,1	33,5
	350 sag. (747m).	Nombre de projectiles tirés		29	27	30	32
		Nombre moyen par projectile	de bandes vert. touchées	5,1	9	5,5	7,5
			d'empreintes	8,2	16,8	9,3	30,3
8 cibles équidistantes représentant une colonne de 15 sagènes (32 mèt.) de profondeur.	500 sag. (1067m)	Nombre de projectiles tirés		41	41	38	40
		Nombre moyen par projectile	de bandes vert. touchées	8,8	13,2	14,7	16,7
			d'empreintes	15,7	34,6	31	71,1
	le 600 sag. (1250 m.) à 650 sag. (1397 m.)	Nombre de projectiles tirés		50	48	50	50
		Nombre moyen par projectile	de bandes vert. touchées	4,9	8	7,8	10,3
			d'empreintes	8,1	19,4	17	36,1
	le 750 sag. (1600 m.) à 800 sag. (1707 m.)	Nombre de projectiles tirés		60	60	60	59
		Nombre moyen par projectile	de bandes vert. touchées	6,2	10	10,1	13,5
			d'empreintes	10	25,1	21,2	51,6

Tir à mitraille.

CANONS.	Distances de tir.		dans le 1er panneau.	dans les 3 premiers panneaux.	dans le 4e panneau.	dans le 5e panneau.	dans le 6e panneau.	total dans les 6 panneaux.	Pour 100 dans les bandes horizontales de	
									4m,82 de haut.	2m,94 de haut.
									%	%
9	100 sag. (213m)	Nombre de bandes vert. touchées	17,5	33,3	9,3	6,2	6,2	60	75	41
		Nombre d'empreintes	23,8	57,5	12,6	9,5	8,4	88	63	33
	200 sag. (427m)	Nombre de bandes vert. touchées	10,3	20,3	4,5	3,5	2,7	31	74	38
		Nombre d'empreintes	12,1	23,1	5	3,6	2,3	34	70	35
	300 sag. (640m)	Nombre de bandes vert. touchées	5,2	11	1,6	1,8	0,6	15	73	33
		Nombre d'empreintes	6,4	12,7	1,6	2,3	0,4	17	70	30
4	100 sag. (213m)	Nombre de bandes vert. touchées	8,7	21,4	5,3	2,5	3,3	32,5	74	41
		Nombre d'empreintes	11	27,3	6,7	2,7	4	40,7	70	37
	200 sag. (427m)	Nombre de bandes vert. touchées	4,7	13,4	2,3	1,5	0,5	17,7	71	47
		Nombre d'empreintes	5,8	15,3	2,7	1,5	0,5	20	62	41
	300 sag. (640m)	Nombre de bandes vert. touchées	2	3,5	0,8	0,2	0,1	4,7	83	46
		Nombre d'empreintes	2	3,6	0,9	0,2	0,2	4,9	84	47

V. MITRAILLEUSES.

Les mitrailleuses adoptées en Russie sont du système Gattling. Elles ont 10 canons du calibre du fusil Berdan, dont est armée l'infanterie, et tirent la même cartouche.

La douille, entièrement métallique, contient une charge de poudre de 5^{gr},45; la balle cylindro-ovale pèse 24 grammes. Entre la poudre et la balle on interpose un culot graisseur entouré de papier pour empêcher le contact de la poudre et de la graisse.

Les cartouches sont renfermées dans des boîtes en fer-blanc dont le fond et le couvercle ont la forme de secteurs circulaires et qui peuvent se placer dans la trémie de chargement.

Ces mitrailleuses ont un affût particulier, qui se compose d'une flèche en fer, soutenue par l'essieu et munie à l'avant d'un pivot autour duquel tournent les flasques. Le tir ne produisant pas de réactions sensibles, les dimensions de ces derniers ont été réduites autant que possible. Un levier, réuni d'un côté aux flasques, porte à l'autre bout la vis de pointage et permet de faire tourner l'appareil autour du pivot de façon à augmenter la dispersion des balles. Une vis sans fin, munie d'un volant et fixée sur la flèche, sert à donner ce mouvement.

Deux coffrets d'essieu sont utilisés comme siéges pour les servants.

L'avant-train a la même disposition que celui des pièces de campagne, mais les armons sont en fer et le coffre est beaucoup plus considérable.

La portée de la mitrailleuse est la même que celle du fusil d'infanterie, mais son tir est continu et a plus de justesse. Par l'adoption d'une cartouche unique, on simplifie les approvisionnements, mais on renonce en même temps à l'avantage que possède la mitrailleuse française de pouvoir tirer à de plus grandes distances, grâce à l'emploi de charges plus fortes, que l'épaule du tireur ne pourrait pas supporter.

Le tableau suivant fait connaître le nombre de balles pour 100 mises aux différentes distances dans des cibles de 25 pas, 17^m,5 de longueur et de 1^m,82 ou 2^m,74 de hauteur, la première correspondant à la hauteur du fantassin et la seconde à celle du cavalier.

Tir des Mitrailleuses.

DISTANCES de tir.	NOMBRE DE BALLES POUR CENT mises dans un panneau de 17^m,50 de largeur et de	
	2^m,74 de hauteur	1^m,82 de hauteur
mètres.	0/0	0/0
100	100	100
200	100	100
300	100	100
400	100	100
500	100	95
600	98	89
700	94	80
800	87	68
900	79	59
1000	70	51
1100	62	45
1200	53	38
1300	46	32
1400	41	27
1500	35	24

ARTILLERIE DE SIÉGE, DE PLACE ET DE COTE

I. Bouches a feu. — Transformations successives. — Fermetures de culasse.
— Dispositions intérieures. — Tableau des bouches à feu en service. —
II. Munitions. — Gargousses, fusées, projectiles. — III. Affuts. — IV. Effets du tir.

I. BOUCHES A FEU.

Les diverses questions relatives à l'artillerie de gros calibre ont été, dans ces derniers temps en Russie, l'objet d'études très-sérieuses. Déjà, en 1858, un officier distingué de l'artillerie russe, le colonel Gadoline, avait déterminé analytiquement les conditions de résistance des parois des bouches à feu; en 1861, appliquant aux canons cerclés les résultats obtenus, il en fit la théorie et démontra la possibilité d'augmenter par un serrage méthodique la résistance à l'éclatement ([1]). C'est cette théorie qui servit de base à la construction des canons Krupp. L'industrie nationale, en effet, n'était point encore assez développée pour qu'on pût lui confier la fabrication d'un semblable matériel. On s'adressa donc à l'établissement d'Essen, et c'est là qu'eurent lieu les premiers essais. On faisait en même temps, sur les propriétés des diverses poudres, des recherches théoriques qui conduisirent à l'adoption de la poudre prismatique, employée aujourd'hui par la plupart des puissances.

L'artillerie russe contribua donc pour une large part à la création du système de bouches à feu en acier frettées, qui, fabriquées par M. Krupp, constituent actuellement l'armement de gros calibre de la Russie, de la Prusse, de la Belgique et de l'Autriche ([2]).

[1] Les deux Mémoires du colonel Gadoline, insérés dans le *Journal d'artillerie russe*, ont été traduits dans la *Revue de technologie militaire*, 3e volume (1863). Les formules reproduites dans le premier de ces mémoires avaient déjà été données par MM. Lamé et Clapeyron dans un travail *sur l'Équilibre des corps solides homogènes* (*Mémoires présentés à l'Académie des sciences*, tome IV *des savants étrangers*, 1833) et par M. Lamé dans ses *Leçons sur la Théorie mathématique de l'élasticité des corps solides* (1852).

[2] L'emploi de l'acier augmente considérablement le prix de ces canons, qui atteint environ 6 fr. le kilog, tandis qu'il ne dépasse pas 1 fr. 25 pour les nouveaux canons en fonte frettés et tubés de la marine française.

Jusqu'à ces derniers temps, la Russie tirait d'Essen ses bouches à feu de gros calibre, mais elle est parvenue aujourd'hui à faire fabriquer dans ses propres établissements des canons en acier qui ne le cèdent en rien aux pièces allemandes.

On a cependant essayé récemment, et par économie sans doute, de remplacer, pour la fabrication de ces bouches à feu, l'acier par le bronze ou la fonte; mais les résultats obtenus n'ont pas jusqu'ici permis de modifier le système primitif.

Les premières bouches à feu rayées adoptées par la Russie pour l'attaque ou la défense des places provenaient en partie de la transformation des canons lisses de 12 et de 24 en fonte ou en bronze, qui furent rayés suivant le système *à ressaut*.

Pour la défense des côtes, on créa des canons de même calibre que les précédents, mais d'une longueur d'âme plus considérable; ils furent appelés canons de 12 et de 24 à longue portée. Ces pièces, en bronze ou en acier, reçurent la même rayure que les canons de siège et de place.

Quand l'épaisseur donnée aux plaques de blindage rendit le canon de 24 insuffisant, on adopta un canon de 8 pouces en acier, avec la rayure à ressaut; mais ce système fut abandonné au moment de l'adoption définitive du chargement par la culasse, et remplacé par celui qui existe actuellement.

Fermetures de culasse. — Les premières bouches à feu se chargeant par la culasse reçurent la fermeture à double coin de Kreiner. Ce dispositif, abandonné aujourd'hui, même pour les pièces de campagne, était complétement insuffisant pour des canons tirant à forte charge; on le remplaça d'abord par le coin prismatique et, plus tard, par le coin cylindro-prismatique. Ce système est appliqué aux bouches à feu en acier de nouvelle fabrication. On a expérimenté d'ailleurs le mécanisme de fermeture avec vis à filets interrompus (système Treuille de Beaulieu); les résultats obtenus ont été très-satisfaisants.

Dans toutes les pièces, l'obturation est produite au moyen

de l'anneau Broadwell; c'est en Russie que ce système a été employé pour la première fois d'une manière pratique.

Dispositions intérieures. — Le nombre des rayures varie avec les calibres. Le pas est constant et l'inclinaison sur la génératrice d'environ 3°. La largeur diminue de la culasse à la bouche; la profondeur est la même dans toute l'étendue de l'âme. L'âme et la chambre ont le même axe dans les bouches à feu de 12 et de 24, mais elles sont excentriques pour les canons de calibre supérieur.

Le tableau suivant fait connaître les bouches à feu employées dans chaque service et leurs dénominations :

GENRE de service.		DÉSIGNATIONS DES BOUCHES A FEU.
SIÉGE.	Canons rayés de	24 long en acier, fretté (pour le tir à fortes charges).
		24 court en acier, fretté.
		24 en bronze.
		9 en acier ou en bronze.
	Mortiers rayés de	8 pouces (20ᶜ) en acier ou en bronze.
		6 pouces (15ᶜ) en bronze.
	Mortiers lisses de	2 pouds.
		¹/₂ poud.
PLACE.	Canons rayés de	8 pouces (20ᶜ) léger en acier.
		24 en bronze, en acier, en fonte ou en fonte fretté.
		24 court en fonte.
		12 en bronze, en acier, en fonte ou en fonte fretté.
	Mortiers rayés de	8 pouces (20ᶜ) en acier ou en bronze.
		6 pouces (15ᶜ) en bronze.
	Mortiers lisses de	5 pouds.
		¹/₂ poud.
		3 livres, à main.

En outre, on utilise provisoirement les bouches à feu suivantes :
Canon de 30 rayé en fonte, avec fermeture Wahrendorff; canons rayés se chargeant par la bouche : de 12 en acier, en bronze ou en fonte, de 24 en acier ou en fonte, et quelques bouches à feu lisses en fonte, licornes (obusiers) courtes et longues de 1 poud (20ᶜ), de ¹/₂ poud (15ᶜ); caronades de 96 (23ᶜ), de 36 (17ᶜ), de 24 (15ᶜ).

CÔTE ET MARINE.	Canons rayés de	11 pouces (28ᶜ) en acier, fretté.
		9 pouces (23ᶜ) en acier, fretté.
		8 pouces (20ᶜ) en acier, fretté.
		8 pouces (20ᶜ) en acier, non fretté.
	Mortiers rayés de	11 pouces (28ᶜ).
		9 pouces (23ᶜ).
		Canon lisse en fonte de 15 pouces.
		Canon à bombes de 3 pouds (27ᶜ).
		Canon de 60 livres (19ᶜ).
		Canon de 10 ³/₄ pouces en acier (27ᶜ).

Bouches à feu de siége. — Une commission d'officiers d'artillerie et du génie fut chargée, en 1871, de régler la composition des équipages de siége. Le rapport déposé le 25 mai 1871 fut approuvé et servit de base à l'organisation actuelle ([1]).

Se fondant sur l'expérience de la guerre de 1870, la Commission reconnut indispensable de faire entrer dans les parcs de siége un canon à longue portée, spécialement destiné à agir dans les bombardements, et un canon court, plus léger, réservé pour le tir aux moyennes et petites distances et pour le tir en brèche.

Pour en faciliter le transport, on limita à 200 pouds (3 276 kil.) le poids de la pièce longue; on lui donna le même calibre qu'à la pièce de 24 en bronze déjà en service; enfin, pour l'alléger autant que possible, on résolut de la faire en acier avec frettes d'acier.

On donna le même calibre et des dispositions analogues au canon court, dont le poids fut limité à 100 pouds (1 638 kil.).

Ces deux bouches à feu furent immédiatement mises en commande et, dorénavant, elles formeront la base des équipages de siége.

La pièce de 24 en bronze pèse 2 233 kil., ses effets sont très-peu supérieurs à ceux du canon de 24 court et son admission dans les parcs semble n'être que provisoire.

Les mortiers rayés de 6 et 8 pouces se chargeant par la culasse remplacent avec avantage les mortiers lisses. Ils peuvent être employés indifféremment au tir de plein fouet et au tir vertical. Cependant, dans le tir à embrasures, leur âme courte constitue un inconvénient sérieux et on se propose de remplacer, dans ce cas, le mortier de 6 pouces par le canon de 24 court.

Les canons en acier sont munis du système de ferme-

([1]) Rapport sur les travaux du Comité, *Journal d'artillerie russe*, n° 10, 1871.

ture à coin cylindro-prismatique. La pièce de 24 en bronze et les mortiers rayés reçoivent le coin prismatique simple.

Le canon de 9 de l'équipage de siége n'est autre que le canon de campagne; il a une action suffisante contre le matériel et se recommande par sa légèreté relative.

Le mortier lisse de 2 pouds est en bronze ou en fonte; la chambre est cylindrique.

Le mortier de $\frac{1}{2}$ poud a les tourillons placés à la partie postérieure de la culasse. Par suite de cette disposition, le mortier est très-instable dans le tir; pour empêcher qu'il ne se renverse, on le maintient au moyen d'une chaîne embrassant la volée et fixée aux tenons de devant de l'affût.

Avant l'organisation actuelle, les équipages de siége comprenaient des canons de 8 pouces légers et des canons de 12 aujourd'hui affectés à l'armement des places.

La pièce de 8 pouces, pesant 5200 kil., est d'un transport souvent difficile; quant au canon de 12, il sera remplacé avec avantage par le canon de 24 court.

Bouches à feu de place. — Le canon de 8 pouces léger (pl. I, fig. 1) est en acier. Il est muni de 3 frettes dont l'une porte les tourillons; la fermeture est à coin cylindro-prismatique. Les canons de 24 et 12 en bronze sont à coin prismatique.

Les canons en fonte de ces deux calibres sont de plusieurs modèles: les uns, d'une construction ancienne, ont le double coin de Kreiner; les autres, plus récents, ont la fermeture à coin cylindro-prismatique.

La pièce de 24 court, en fonte, pèse 100 pouds (1638 kil.) comme la pièce en acier, mais elle a l'âme moins longue de 2$\frac{1}{2}$ calibres, en compensation de la plus grande épaisseur des parois.

Parmi les pièces en service indiquées dans le tableau de la page 4, on signalera aussi une pièce de 30 (calibre de 16ᶜ) en fonte, rayée, se chargeant par la culasse;

c'est de toutes les bouches à feu de l'artillerie russe la seule qui soit munie de la fermeture Wahrendorff; il n'y en a d'ailleurs qu'un nombre très-restreint.

On utilise aussi, dans l'armement des places, quelques pièces de 24 et 12 en acier ou en fonte frettées, se chargeant par la culasse.

Parmi les canons rayés se chargeant par la bouche, provenant de l'armement primitif, on a déclassé les canons de 24 en bronze; ceux en fonte sont provisoirement conservés.

Les anciens canons de campagne peuvent servir pour la défense rapprochée ou le flanquement; quant aux canons lisses, ils sont évidemment destinés à disparaître sous peu de l'armement des places.

Les deux mortiers rayés de 6 et 8 pouces se chargeant par la culasse, employés dans l'attaque des places, le sont aussi pour leur défense. On utilise aussi, dans ce dernier cas, un mortier rayé en bronze de $\frac{1}{2}$ poud ou 6 pouces (calibre 15^c) se chargeant par la bouche, antérieurement adopté pour faire partie des parcs de siége. Il n'a pas de chambre; l'âme, relativement assez longue, présente six rayures à flancs presque parallèles.

Les mortiers lisses de 5 pouds ont, comme les mortiers de 2 pouds, une chambre cylindrique.

Le mortier à main en bronze, dont le poids n'est que de 12 kil., se tire sur chevalet. Il est placé sur une semelle venue de fonte. Le canal de lumière reçoit une cheminée de fusil contre laquelle vient s'abattre un marteau percuteur.

Bouches à feu de côte. — Au moment de l'adoption du chargement par la culasse, un petit nombre seulement de canons de 8 pouces se chargeant par la bouche était achevé; d'autres, encore en préparation, étaient les uns forés et tournés mais non rayés, les autres tournés extérieurement et non forés au calibre définitif, d'autres enfin encore à l'état brut.

Les canons de 8 pouces, déjà rayés, furent alésés à un calibre plus considérable, transformés au chargement par la culasse et rayés à nouveau. Les canons en acier de 24 à longue portée subirent une modification semblable. Ce sont ces pièces qui, aujourd'hui, portent le nom de canons de 6,03 pouces et de 8 ½ pouces.

Les autres pièces de 8 pouces qui n'étaient pas terminées furent aussi transformées au chargement par la culasse; on donna à chacune d'elles la longueur d'âme maxima et la forme que comportait l'état d'achèvement dans lequel elle se trouvait. On eut ainsi trois modèles de canons de 8 pouces non frettés.

Le système de fermeture des pièces de 6,03 et de 8 ½ pouces est à double coin. Les autres canons de 8 pouces (pl. I, fig. 2) reçurent la fermeture à coin prismatique.

Les canons de 8 pouces (pl. I, fig. 3), de fabrication récente, sont frettés; le coin de fermeture est cylindro-prismatique.

Le canon de 9 pouces (pl. I, fig. 4) est analogue au précédent, mais il porte à la culasse un double frettage.

Jusqu'en 1868, les calibres précédents étaient les seuls en service. A cette époque, l'épaisseur donnée aux plaques des navires les rendit insuffisants, et on décida la création du canon de 11 pouces.

Cette bouche à feu (pl. I, fig. 5), essayée en 1869 contre une muraille cuirassée, du type de l'*Hercules*, donna d'excellents résultats et fut définitivement adoptée. Elle est renforcée à la culasse par un triple frettage. Sa fermeture est à coin cylindro-prismatique.

Contre le pont des navires, l'artillerie russe faisait d'abord usage de mortiers rayés de 6 et de 8 pouces; ces calibres furent jugés trop faibles; on les réserva aux équipages de siége et à l'armement des places; on leur substitua en principe des mortiers de 9 et 11 pouces actuellement en cours de fabrication.

Outre les pièces précédentes, il existe aussi en service une pièce de 1 000 livres (14 pouces) (¹). On l'avait destinée d'abord à l'armement d'une des tours cuirassées de Cronstadt; on lui a substitué récemment deux pièces de 11 pouces.

Lorsque l'Amérique, s'appuyant sur une théorie abandonnée aujourd'hui, eut mis en service les canons lisses en fonte de Rodman, la Russie acheta plusieurs de ces pièces et en fit couler, dit-on, quelques-unes dans ses propres établissements. Ce sont les canons de 15 pouces (38ᶜ).

Les canons de 3 pouds sont de plusieurs modèles : les premiers fabriqués sont à chambre conique, les autres sont dépourvus de chambre.

Les canons de 60, dus au général Mayevski, ont été créés en 1857; un chanfrein pratiqué à la bouche facilite l'introduction du projectile.

Les canons de 10 ³/₄ pouces sont d'anciens canons de 8 pouces en acier d'abord rayés, puis alésés à leur nouveau calibre et laissés lisses.

Toutes ces bouches à feu sont employées à l'armement des côtes et à celui des vaisseaux. Les canons lisses sont destinés à la défense des passes.

Le tableau suivant, extrait de l'*Aide-Mémoire d'artillerie russe*, fait connaître les dimensions principales des bouches à feu rayées se chargeant par la culasse, qui constituent le système d'artillerie réglementaire; quelques-unes d'entre elles, récemment adoptées, sont en cours de fabrication et n'y figurent que pour mémoire.

(¹) C'est l'une des deux pièces fabriquées par Krupp, qui l'a offerte à l'Empereur de Russie; l'autre est à Kiel. Il s'en trouvait une à Paris en 1867 à l'Exposition universelle.

Dimensions principales des bouches à feu rayées se chargeant par la culasse.

DÉNOMINATIONS	MÉTAL de la bouche à feu	SYSTÈME de fermeture	DIAMÈTRE de l'âme	DIAMÈTRE de la chambre	EXCENTRICITÉ de la chambre	LONGUEUR de l'âme	LONGUEUR de la partie rayée	LONGUEUR totale de la bouche à feu	LONGUEUR de la ligne de mire	RAYURES Nombre	RAYURES Pas en calibres	RAYURES Pas en millimètres	RAYURES Inclinaison	RAYURES Profondeur	RAYURES Largeur à la bouche	RAYURES Largeur à la culasse	POIDS TOTAL	PRÉPONDÉRANCE de culasse	GENRE de service
			mm	mm	mm	mm	mm	mm	mm			mm		mm	mm	mm	kil.	kil.	
CANONS DE 12......	B	Prismatique	121,9	127,0	0	2192	1993	2400	912	18	50	6096	3°36'	1,5	14	16,5	938	139	Place.
24......	F	Cylind. pris.	121,9	127,0	0	2449	2060	2776	1135	18	50	6096	3°36'	1,5	14	17,8	1523	81	Id.
24 long....	B	Prismatique	152,4	155,9	0	2908	2425	2831	1266	24	60	9144	2°59'	1,8	12,7	16,4	2285	228	Siège et place
24 court...	F	Cylind p.m.	152,4	155,9	0	2984	2502	3367	1887	24	60	9144	2°59'	1,8	12,7	17,0	8522	90	Siège.
8 p. léger.	A	id.	203,2	210,3	1,3	2888	2202	3403	1449	30	60	12192	2°59'	2,3	14,2	17,6	5232	311	Siège.
8 p. fretté	A	id.	203,2	210,3	1,3	3585	3048	4445	2005	30	60	12192	2°59'	2,3	14,2	18,8	9026	589	Place.
9 p. Id.	A	id.	228,6	237,0	1,9	3861	2845	4572	2102	32	60	13716	2°59'	2,8	15,1	18,6	14938	205	Place.
11 p. Id.	A	id.	279,4	289,6	1,6	4750	3480	5589	2233	36	70	19558	2°34'	3,1	16,3	20,1	26040	0	Côte.
MORTIERS DE 6 p......	B	Prismatique	152,4	158,0	0	1016	533	1354	1298	24	40	6096	4°29'	1,8	16,4	16,4	1570	0	Siège et place.
8 p......	B et A	id.	203,2	205,9	0	1870	804	1829		30	40	8128	4°29'	2,3	17,7	17,7	3931	0	Siège et place.
9 p......	A																		Côte.
11 p......	A																		Côte.

II. MUNITIONS.

Gargousses. — La poudre employée pour les bouches à feu de siége et de place, à l'exception des canons de 8 pouces légers et des mortiers rayés de 8 pouces, est la poudre ordinaire. Pour ces deux dernières et pour toutes les pièces de côte, lisses ou rayées, l'artillerie russe fait usage de poudre prismatique. Comme dosage, cette dernière ne diffère pas de la précédente, mais les grains sont moulés séparément sous une pression considérable qui augmente la densité de la matière. Leur forme est celle d'un prisme hexagonal percé de sept canaux parallèles à l'axe; chacun d'eux pèse 35 grammes. Dans les gargousses, ces prismes sont accolés les uns aux autres et disposés par couches de figure variable, suivant le poids de la charge, la couche supérieure pouvant être incomplète.

Les sachets sont en bourre de soie; le culot a la même forme que les couches de la charge, celle d'un hexagone irrégulier, mais formé de deux moitiés symétriques. La gargousse elle-même est prismatique.

Fusées. — Certains projectiles reçoivent les fusées de campagne, d'autres la fusée percutante du modèle prussien, et d'autres, enfin, tirés contre des obstacles verticaux, une fusée percutante spéciale dite *fusée Barantzoff*.

La tête des obus qui doivent être munis de la fusée prussienne, a une disposition légèrement différente de celle des obus prussiens (pl. I, fig. 6). Un canal perpendiculaire au logement de la goupille traverse le métal de l'obus et la tête de la goupille. On y engage un brin de mèche fixé par une ses extrémités à une petite masse en plomb logée dans une alvéole pratiquée sur la tête de l'obus. La goupille de sûreté ne devient libre que lorsque, par suite du mouvement de rotation, la masse de plomb a été lancée en entraînant le brin de mèche.

La fusée Barantzoff (pl. I, fig. 10) fonctionne par écrasement de la tête. Elle se compose d'un corps de fusée en laiton fileté extérieurement et surmonté d'un épaulement. Un canal central traverse la fusée de part en part; il reçoit à sa partie supérieure une cheminée de fusil sur laquelle se place une capsule fulminante. Une vis-écrou en laiton ferme le canal et recouvre la cheminée. Elle porte en son milieu un tampon en fer qui, au moment du choc, vient frapper la capsule. En temps ordinaire, la cheminée est enveloppée d'une coiffe en cuir; on n'arme la fusée qu'en chargeant la pièce.

Projectiles. — Les pièces de 12 et de 24 lancent des obus ordinaires, des obus à balles et des boîtes à mitraille. Pour les canons de 30 et de 8 pouces légers, on ne fait usage que d'obus ordinaires.

Les mortiers rayés tirent en principe les projectiles des canons de même calibre, mais avec le mortier de 6 pouces, on fait usage de préférence de l'obus du canon de 6,03 pouces dont le poids est plus considérable que celui de l'obus de 24.

Afin d'augmenter l'effet produit dans les terres, on a adopté récemment, pour les mortiers rayés de siége et de place, des obus allongés à parois minces renfermant une grande charge d'éclatement.

Les canons rayés de côte lancent trois sortes d'obus : des obus en fonte ordinaire (pl. I, fig. 7), des obus en fonte durcie (fig. 8) et des obus en acier (fig. 9). Les premiers sont armés de fusées percutantes; ils peuvent servir contre des obstacles en terre ou en maçonnerie, mais contre des blindages métalliques ils seraient insuffisants. Pour ce genre de tir, on les remplace par les projectiles plus résistants, en fonte durcie ou en acier, à tête allongée et dépourvus de fusées. Ils reçoivent une charge explosive et la chaleur dégagée par le choc suffit pour en déterminer l'inflammation.

Tous les obus sont revêtus d'un manchon de plomb. Primitivement, ce manchon était maintenu par des cannelures ménagées dans l'épaisseur de la paroi cylindrique, disposition qui obligeait à donner un poids considérable au manchon et à réduire la capacité du vide intérieur. Pour obvier à ces deux inconvénients, il a été décidé que dorénavant le manchon serait soulé et son épaisseur réduite. Cette modification a déjà été appliquée aux projectiles en acier.

Dans tous les obus de gros calibres, le culot est percé d'une ouverture qu'on ferme au moyen d'un tampon en fer vissé ; elle sert au chargement des projectiles dépourvus de fusées et assure dans la coulée la stabilité du noyau.

Les tableaux suivants font connaître : le premier, le poids des charges employées ; le second, les données relatives aux obus des différents calibres.

Pour les pièces de côte de 8, 9 et 11 pouces, il existe deux charges différentes servant, l'une (*charge diminuée*) dans le tir des obus ordinaires et le tir d'exercice, l'autre dans le tir des obus en fonte durcie ou en acier ([1]).

BOUCHES A FEU.		Poids de la charge		NATURE de la poudre.
		diminuée	maxima.	
Canons de place de { 12 en B. ou A.............		,	1ᵏ,434	Poudre ordinaire.
{ 12 en F.................		,	1ᵏ,025	id.
Canons de siége ou de place de { 24 en B. ou A.		,	2ᵏ,867	id.
{ 24 en F......		,	2ᵏ,050	id.
Canon de place de 30 en F................		,	2ᵏ,705	id.
Canon de place de 8 pouces léger.............		,	7ᵏ,780	Poud. prismatique
Canon de côte de 6,03 pouces................		,	4ᵏ,914	id.
Canon de côte de 8 pouces, non fretté........		8ᵏ,190	10ᵏ,240	id.
id. de 8 pouces, fretté.............		8ᵏ,190	12ᵏ,905	id.
id. de 8 1/2 pouces.................		8ᵏ,190	10ᵏ,240	id.
id. de 9 pouces, fretté.............		13ᵏ,930	21ᵏ,300	id.
id. de 11 pouces, fretté.............		24ᵏ,570	37ᵏ,475	id.
Mortier rayé de 6 pouces....................		,	3ᵏ,270	Poudre ordinaire.
id. de 8 pouces....................		,	7ᵏ,800	Poud. prismatique
id. de 9 pouces....................		,	,	id.
id. de 11 pouces....................		,	,	id.

([1]) *Journal d'artillerie russe*, janvier 1873.

		12	24 ou 6 pouces	30	6,03 pouces.	8 pouces.	8 1/2 pouces.	9 pouces.	11 pouces.
		PROJECTILES DE							
		kil.	kil.	kil.	kil.	kil.	kil.	kil.	kil.
Obus ordinaires.	Poids du noyau en f^te.	8,396	19,656	24,980	24,530	52,416	55,402	80,877	140,049
	Poids du manchon. .	5,623	8,380	10,237	10,935	24,570	22,216	38,493	53,235
	Poids de la charge int.	0,546	1,025	1,228	1,352	2,767	2,900	3,482	6,132
	Poids de la fusée . .	0,200	0,100	0,200	0,100	0,100	0,100	0,100	»
	Poids total....	14,765	29,161	36,645	36,917	79,853	80,618	122,952	199,416
Obus allongés (mortiers de 6 et 8 p)	Poids du noyau en f^te		2,180			»			
	Poids du manchon. .		12,100			»			
	Poids de la charge int.		2,420			5,500			
	Poids de la fusée . .		0,100			»			
	Poids total....		34,800			»			
Obus en fonte durcie	Poids du noyau en f^te				28,328	59,993	61,401	101,065	161,752
	Poids du manchon. .				9,061	17,919	19,247	20,066	53,235
	Poids de la charge. .				0,697	0,819	2,900	1,848	3,276
	Poids total....				38,086	78,731	83,548	122,479	218,263
Obus en acier (manch. soudé)	P. du noyau en acier.					74,325		111,384	204,750
	Poids du manchon. .					5,233		8,190	14,948
	Poids de la charge int.					2,253		3,276	5,529
	Poids total....					81,811		122,850	225,227

III. AFFUTS.

Affût de siége (pl. II, fig. 13). — Cet affût est en fer ; comme forme et comme disposition, il est analogue à l'affût de 9 de campagne. Les deux flasques en tôle sont renforcés sur leurs bords par des cornières et réunis au moyen de cinq boulons d'assemblage. Une plaque de fer, rivée sur les flasques près du bout de crosse, sert d'entretoise et porte la lunette de crosse. Sur chaque flasque, sont pratiqués deux encastrements de tourillons servant, l'un pour le tir, l'autre pour le transport.

Quand le canon est dans la position de route, la culasse repose sur un coussinet formé d'une plaque en fer très-épaisse et traversée par un des boulons d'assemblage.

Cet affût peut servir pour toutes les pièces de 24 de siége ou de place. Pour le transport, on se sert d'un avant-train de siége qui est analogue à l'avant-train français et auquel est adapté un siége en bois pour le conducteur des chevaux de derrière.

Affûts pour mortiers rayés. — Les mortiers de 6 et 8 pouces
ont des affûts semblables ne différant que par les dimensions ([1]). Ils servent dans l'attaque ou la défense des
places. Pour le transport, on les place sur un chariot
porte-corps; mais ce procédé pouvant présenter des difficultés sérieuses dans un siége, on a proposé de monter
ces affûts sur roues et de les mettre sur avant-train au
moyen d'une fausse flèche mobile, la pièce restant dans
l'encastrement de tir. Les essais tentés dans cette voie
avec un mortier de 6 pouces, paraissent avoir donné de
bons résultats. Le poids total de la voiture s'élève à 4000
kil.; il faut 10 chevaux pour la traîner. L'affût du mortier
de 8 pouces doit subir une transformation analogue.

Affûts pour mortiers lisses. — Les affûts des mortiers de 5
pouds et de 2 pouds sont formés de deux flasques en
bronze ou en fonte réunis par des entretoises en bois. Le
mortier de $\frac{1}{2}$ poud a un affût spécial (pl. I, fig. 12). Ses
flasques, formés d'une plaque de tôle, sont supportés par
des semelles en fer cornier et réunis par des boulons
d'assemblage. Les tourillons sont maintenus dans leurs
encastrements au moyen de brides métalliques.

A l'avant, l'affût porte un coussinet de pointage sur
lequel on place des coins de différentes hauteurs, suivant
l'angle de tir. Une chaîne passe par dessus la volée et
empêche le mortier de se renverser.

La semelle du *mortier à main* (pl. I, fig. 11) est boulonnée sur un fût en bois muni à sa partie antérieure
d'une cheville. Le mortier se tire sur un chevalet; la cheville pénètre dans un logement spécial et sert d'axe de
rotation, ce qui facilite le pointage.

Affût de place Nasvietevitch (pl. II, fig. 17). — Cet affût,
qui date de 1865, se compose de deux flasques en tôle de
$9^{mm},5$ d'épaisseur, renforcés par des cornières et réunis
par des boulons transversaux avec manchons d'écarte-

([1]) Voir pour la description de ces affûts la *Revue d'artillerie*, livr. de février, p. 591.

ment. Un essieu placé à la partie antérieure de l'affût reçoit des roues basses en fonte ou des roues plus hautes en bois, suivant que la pièce doit tirer à embrasure ou à barbette.

A la crosse, les flasques sont munis d'une semelle; une plaque de fer traversée par le dernier boulon d'assemblage, forme entretoise et sert de point d'appui à un levier à galet dans les mises en batterie.

Le mécanisme de pointage se compose de deux vis tournant l'une dans l'autre et portant chacune une manivelle. Dans le tir sous de grands angles, on ne fait usage que de la vis extérieure qui peut être baissée à fond sans venir rencontrer la plate-forme. La vis intérieure est alors complétement descendue; on ne s'en sert que lorsqu'on ne peut plus faire usage de la vis extérieure.

L'écrou est supporté par une semelle métallique et peut occuper deux positions différentes, de façon que l'affût puisse servir aux pièces de 24 et aux pièces de 12.

Les côtés supérieurs des flasques portent une cheville fixe et une autre mobile contre lesquelles on appuie les leviers pour soulever la culasse.

Il n'y a pas d'affût spécial pour le canon de 8 pouces léger, que l'on place sur l'un des affûts de côte destinés aux pièces de ce calibre.

Affûts de côte du Comité. — Le Comité de l'artillerie russe avait proposé deux modèles d'affûts de côte, construits d'après les mêmes principes et ne différant que par la hauteur des flasques. Ils étaient destinés, l'un aux batteries casematées, l'autre aux batteries découvertes. Ce dernier (pl. II, fig. 15) se compose de deux flasques en tôle, renforcés sur les bords par un fer à T et réunis par des entretoises également en tôle.

Un essieu placé à la partie antérieure reçoit des roues en fonte de $0^m,762$. La vis de pointage n'est pas double comme dans l'affût de place; son écrou est placé sur une semelle métallique fixée contre les flasques.

L'affût est guidé dans son mouvement par une directrice mobile autour d'un pivot; les côtés de cette directrice sont embrassés par deux appendices fixés l'un sur l'essieu et l'autre sur l'entretoise de crosse.

Dans les mises en batterie on soulève la queue de l'affût au moyen d'un levier à galet; une équerre métallique fixée sur la face supérieure de la directrice limite le déplacement en avant.

Ces affûts sont destinés aux canons rayés de 6,03 pouces, aux canons lisses de 60 livres et à ceux de 3 pouds.

Affût de côte Andreeff. — La disposition générale de cet affût est analogue à celle du précédent. On peut aussi l'employer dans les batteries casematées ou dans les batteries découvertes; dans le premier cas, l'essieu reçoit des roues en fonte de $0^m,460$ de diamètre, et dans le second des roues en bois de $0^m,760$ La vis de pointage peut occuper deux positions différentes. La crosse s'appuie directement sur la plate-forme; elle est guidée dans son mouvement par une directrice double. Cet affût peut recevoir les pièces de 3 pouds et les pièces de 60 livres.

Affût Gorloff (pl. II, fig. 16). — Construit d'abord pour les bouches à feu de 8 pouces se chargeant par la bouche, il est utilisé aujourd'hui pour tous les canons de ce calibre, de place ou de côte. Les flasques sont renforcés par des cornières fixées sur les bords et par des bandes de fer appliquées contre la paroi intérieure. Une ouverture ménagée dans le milieu de chaque flasque sert au passage d'une brague. L'affût repose directement sur la plate-forme; une directrice guide le mouvement.

Un essieu placé à la partie antérieure reçoit deux rouleaux en fonte qui n'appuient sur la plate-forme que lorsqu'on soulève la queue de l'affût. On se sert pour cela d'une vis tournant dans un écrou fixe et munie d'un galet à sa partie inférieure; on fait monter ou descendre cette vis au moyen d'un levier à déclic.

La vis de pointage est double comme celle de l'affût

de place et fonctionne de la même manière. Son écrou est
supporté par une armature en fer fixée contre les flasques.

Affût Chvède (pl. II, fig. 14). — Il est destiné aux canons
de 8 pouces de côte tirant à embrasure. La directrice se
prolonge à la partie antérieure jusqu'à la cheville ouvrière
située à l'aplomb de la bouche de la pièce, disposition qui
permet de réduire au minimum la largeur de l'embrasure.

L'affût est monté sur quatre roues en fonte; pour diminuer le recul, on enraye les roues de devant au moyen
de sabots portés par des leviers qui sont mobiles autour
des fusées d'essieu. Lorsque ces sabots ne doivent point
agir, on soutient les leviers à l'aide de chaînes.

Pour le pointage latéral, il faut que l'affût repose sur des
galets dont les axes concourent au centre de rotation. Ce
résultat s'obtient au moyen du dispositif suivant : Les corps
des essieux sont formés de plaques de tôle cintrées, dont le
centre de courbure coïncide avec l'axe de la cheville ouvrière quand l'affût est en batterie. Entre ces plaques de tôle,
sont placés quatre galets qui ne viennent prendre appui
sur les voies circulaires de la plate-forme que lorsque les
plaques sont verticales. Dans le tir, dès que l'affût commence à reculer, l'essieu tourne autour de l'axe des
fusées par suite de la résistance que les galets opposent
au mouvement dans ce sens, les plaques cessent alors
d'être verticales, les roues en fonte viennent au contact
de la plate-forme. Des tringles réunissent les deux corps
d'essieu et les rendent solidaires, de façon qu'ils tournent
simultanément. Quand l'affût est remis en batterie, il faut
un effort puissant pour ramener les galets à la position
qu'ils avaient avant le tir. Pour cela, l'essieu de devant
porte en son milieu et antérieurement une sorte d'éperon
muni à son extrémité d'une roulette qui repose sur la directrice. A cette dernière est adapté un ergot contre lequel
vient buter l'éperon dans le mouvement en avant. Le
choc qui en résulte fait tourner l'essieu; les plaques étant
de nouveau verticales, les galets reviennent au contact

des voies circulaires et supportent tout le système. Le mouvement de l'essieu de devant est transmis à l'essieu de derrière par l'intermédiaire des tringles.

La vis de pointage est courte, aussi le champ de tir vertical est-il très-limité.

Affût Chantz (pl. II, fig. 18). — Cet affût est monté sur un châssis en tôle qui peut tourner autour d'une cheville ouvrière située à l'à-plomb de la bouche du canon.

Les flasques de l'affût proprement dit sont munis de semelles qui reposent sur les côtés du châssis. A l'avant, un essieu supporte des rouleaux qui prennent appui sur le châssis lorsqu'on soulève la crosse. Cette manœuvre se fait au moyen de roues montées sur un axe excentrique qu'on fait tourner à l'aide de leviers.

Les flasques n'ont pas de susbandes et les tourillons sont maintenus par des brides analogues à celles de l'affût du mortier de $\frac{1}{2}$ poud. La vis de pointage peut occuper deux positions différentes.

Pour mettre l'affût hors de batterie, on fait usage de moufles accrochées, d'une part à la crosse et de l'autre à la partie postérieure du châssis ; le brin libre du cordage s'enroule sur un tambour qu'on met en mouvement au moyen d'engrenages et de manivelles.

Cet affût est destiné aux pièces de 8 pouces de côte.

Affût Semenoff (pl. II, fig. 19). — Cet affût, proposé par le colonel Semenoff pour les pièces de côte de 8 pouces, est, comme le précédent, monté sur un châssis en fer à double T. Ses flasques sont en tôle renforcée par des bandes et par des cornières. Ils reposent au moyen de semelles sur les côtés du châssis. Un essieu placé à l'avant porte des rouleaux qui appuient sur le châssis quand on soulève la crosse au moyen de galets excentriques à levier.

Chaque flasque porte des plaques de fer qui embrassent les côtés du châssis extérieurement et empêchent l'affût de se déplacer latéralement.

L'affût est muni de freins automatiques analogues à

ceux en usage dans certains affûts de la marine française; ils se composent de deux mâchoires munies de patins en bois et disposés à droite et à gauche du fer à double T du châssis. Ces mâchoires sont supportées par une pièce en fer qui embrasse le côté du châssis. Des vis solides traversent les branches de cette pièce et permettent de rapprocher ou d'éloigner les patins. L'une de ces vis, placée à l'intérieur du châssis, porte un levier sur lequel agit l'affût dans le recul; l'autre, placée à l'extérieur, permet de régler le serrage.

Le châssis tourne autour d'une cheville ouvrière placée à une assez grande distance en avant et repose sur quatre roues en fonte. Les roues de derrière sont munies d'engrenages qu'on fait mouvoir au moyen d'une vis sans fin; les déplacements latéraux s'effectuent assez rapidement.

Les pièces de côte qui ont généralement à tirer contre des buts mobiles animés d'une certaine vitesse, doivent pouvoir se déplacer latéralement assez promptement pour suivre un navire passant à faible distance. Avec les poids énormes de la bouche à feu et de l'affût, ce résultat ne peut s'obtenir que par des mécanismes compliqués. L'artillerie russe a entrepris à ce sujet des recherches qui, paraît-il, ont donné de bons résultats.

L'une des batteries qui défendent les abords de Cronstadt, possède six tours cuirassées armées chacune de deux pièces de 11 pouces.

Pour pouvoir donner à ces embrasures des dimensions aussi réduites que possible, il faut que la pièce puisse pivoter autour de sa bouche, ce qui exige qu'on soulève ou qu'on abaisse les tourillons.

Dans certains dispositifs proposés, on soulevait tout le système du châssis et de l'affût; dans d'autres, on déplaçait seulement les tourillons. La première solution a été rejetée comme trop compliquée; quelques affûts construits d'après le deuxième principe ont été mis en commande. Ils sont dus au colonel Semenoff ([1]).

_____

([1]) *Journal d'artillerie russe*, n° 4, 1872.

IV. EFFETS DU TIR.

Les deux tableaux suivants ([1]) font connaître les principaux éléments du tir des canons :

Tir des canons de siége et de place.

	DISTANCE de tir.	ANGLES de		VITESSES.	ÉCARTS MOYENS QUADRATIQUES		
		tir.	chute.		en direction.	en hauteur.	en portée.
	m.			m.	m.	m.	m.
12 EN BRONZE. Poids de la charge, 1k,434...... Poids du projectile, 14k,7......	0	,	,	306			
	500	1°25'	1°32'	293	0,20	0,23	8,1
	1000	3°10'	3°15'	277	0,54	0,68	11,7
	1500	4°55'	5°15'	262	0,98	1,44	15,4
	2000	6°50'	7°55'	245	1,46	2,56	17,7
	2500	9° 0'	11°45'	229	2,06	4,27	20,0
	3000	11°40'	16° 5'	215	2,77	7,15	22,2
	3500	14°45'	20°45'	200	3,73	12,50	30,9
	4000	18° 5'	26°20'	193	5,06	19,60	39,2
	4500	21°55'	32°20'	184	6,65	31,40	48,2
24 EN BRONZE. Poids de la charge, 2k,867...... Poids du projectile, 29 kil......	0	,	,	324	,	,	,
	500	1°25'	1°30'	304	0,39	0,21	7,7
	1000	3°	3°10'	284	0,82	0,58	11,4
	1500	4°40'	5° 5'	264	1,28	1,22	14,1
	2000	6°25'	7° 5'	247	1,77	2,05	16,8
	2500	8°15'	9°20'	231	2,38	3,25	19,5
	3000	10°15'	12°15'	216	2,97	5,15	23,5
	3500	12°30'	16°	204	3,66	8,85	30,7
	4000	15°	20°10'	193	4,42	16,15	43,9
	4500	17°55'	24°35'	183	5,21	28,00	61,6
	5000	21° 5'	30°	176	6,00	47,00	80,2
8 POUCES LÉGER. Poids de la charge (P. P.), 7k,780 Poids du projectile, 79k,8	0	,	,	319	,	,	,
	500	2°	2° 5'	305	0,23	0,27	10,7
	1000	2°55'	3°10'	29	0,55	0,70	13,2
	1500	4°35'	4°55'	279	0,82	1,31	15,8
	2000	6°15'	7°	270	1,31	2,30	18 6
	2500	8°10'	9°25'	262	1,96	3,70	21,8
	3000	10° 5'	11°50'	254	2,79	5,76	25,8
	3500	12°10'	14°35'	247	3,82	9,15	32,0
	4000	14°35'	17°25'	241	4,90	15,25	40,3
	4500	16 '55'	20°30'	238	6,55	27,0	63,8
	5000	19°35'	24°	236	7,94	47,90	101,4

([1]) Ces tableaux ont été extraits, le premier de l'*Aide-mémoire d'artillerie russe*, le second du *Journal d'artillerie russe* (janvier 1873).

Tir des canons de côte.

		DISTANCE de tir.	ANGLES DE		VITESSE.
			tir.	chute.	
		mètres.			mètres.
Canon de 8 pouces fretté.	Poids de la charge (P P.) 12ᵏ,905....	0	»	»	401
		500	0°50'	0°55'	377
		1000	1°50'	2° 5'	345
	Poids du projectile, 79ᵏ	1500	2°55'	3°20'	323
		2000	4° 5'	5°10'	302
		3000	7° 5'	9°15'	272
Canon de 9 pouces fretté.		0	»	»	403
		500	0°55'	1° 0'	373
		1000	1°55'	2° 5'	346
	Poids de la charge (PP.) 21ᵏ,300.....	1500	3° 0'	3°25'	331
	Poids du projectile 122ᵏ	2000	4°10'	4°55'	317
		3000	6°55'	9°25'	295
		4000	9°55'	12°25'	280
		5000	13°35'	16°55'	268
Canon de 11 pouces fretté.		0	»	»	386
		500	0°55'	0° 0'	362
		1000	2° 0'	2°15'	346
	Poids de la charge (PP.) 37ᵏ,475.....	1500	3°10'	3°35'	331
	Poids du projectile, 225ᵏ	2000	4°20'	4°55'	319
		3000	7° 2'	8°20'	300
		4000	10° 5'	12° 0'	286
		5000	13°35'	16°15'	193

Contre les blindages métalliques, un projectile peut agir de deux manières différentes : par choc ou par perforation. Dans le premier cas, les assemblages sont disloqués; dans le second, le projectile traversant la cuirasse vient frapper le matériel et les servants. Lorsque l'ouverture dans la muraille est placée au-dessous de la ligne de flottaison, elle détermine une voie d'eau difficile à aveugler, surtout lorsque le projectile éclate au milieu du bordage. On doit donc chercher à produire surtout des effets de perforation; ils dépendent de la forme du projectile, de son diamètre et principalement de sa force vive au point d'arrivée.

L'augmentation d'épaisseur des cuirasses força l'artillerie à accroître successivement ses calibres. Le premier bâtiment cuirassé, la *Gloire*, fut construit dans les chantiers de la marine française; les plaques dont il était revêtu avaient 12ᶜ; aujourd'hui l'épaisseur des plaques dépasse 30ᶜ. Le calibre des canons rayés destinés au tir contre ces plaques ont varié de 8 à 11 pouces, et cette dernière limite a déjà été dépassée par plusieurs puissances.

Les expériences faites en 1865 par l'artillerie prussienne avec le canon de 8 pouces avaient fait reconnaître que ce canon était insuffisant contre des plaques de 12ᶜ. C'est vers cette époque que la Russie adopta le canon de 9 pouces (228ᵐᵐ,6); en 1869, elle adopta un canon de 11 pouces (279ᵐᵐ,4), avec lequel elle fit des expériences contre une cible représentant la muraille du vaisseau anglais *Hercules*, du type le plus puissant connu à cette époque (bordage en bois de Teak de 915ᵐᵐ d'épaisseur, revêtu à sa partie inférieure de plaques de 305ᵐᵐ, et à sa partie supérieure de plaques de 228ᵐᵐ). Les résultats obtenus furent les suivants :

Jusqu'à la distance de 1 874 mètres, le projectile de 11 pouces peut percer les plaques et s'enfonce dans le bordage où il reste logé;

A la distance de 1 067 mètres, la muraille est complétement traversée ;

A 768 mètres, la muraille est complétement traversée et le projectile conserve encore une grande vitesse.

Le canon de 11 pouces qui arme une grande partie des batteries de Cronstadt, peut donc être considéré comme suffisamment efficace contre les vaisseaux cuirassés actuels.

ORGANISATION.

DIRECTIONS ET ÉTABLISSEMENTS DE L'ARTILLERIE. = ORGANISATION DES TROUPES DE L'ARTILLERIE. — TROUPES ACTIVES. — Composition des brigades et des batteries. — Parcs de campagne. — Équipages de siége. — Parcs et dépôts de réserve. — TROUPES SÉDENTAIRES. — Artillerie de place. — ÉCOLES. — TROUPES IRRÉGULIÈRES.

DIRECTIONS ET ÉTABLISSEMENTS DE L'ARTILLERIE.

A la tête de l'artillerie russe est placé un *Grand-Maître*, dont l'autorité s'étend sur les établissements et sur les troupes, et qui a la direction suprême de cette arme[1]. Il a pour adjoint un général d'artillerie qui le supplée en cas d'absence.

Sous les ordres du Grand-Maître se trouvent la *Direction générale de l'artillerie*, qui forme une des divisions du ministère de la guerre, et le *Comité consultatif*. Le comité se compose de *membres permanents*, de *membres consultatifs* et de *membres correspondants*. Les premiers, officiers généraux ou supérieurs, sont nommés par l'Empereur; les membres consultatifs et correspondants sont nommés par le Grand-Maître, et leur nombre n'est pas limité.

Dans chacune des quatorze circonscriptions militaires[2] dont se compose l'empire russe, se trouve une *Direction d'artillerie*, placée sous les ordres d'un général commandant l'artillerie.

Les établissements producteurs relèvent directement de la direction générale; les autres établissements de l'artillerie, magasins, arsenaux de dépôt, dépendent des directions locales.

Les établissements producteurs sont :

1° Les trois *poudreries* d'Ochta, de Michel-Schosta et de Kasan;

---

[1] Le Grand-Maître actuel de l'artillerie est le grand-duc Michel, gouverneur général du Caucase.

[2] La province occupée par les troupes du Don forme un commandement spécial.

2 La *cartoucherie* de Saint-Pétersbourg ;

3° La *capsulerie* de Schosta ;

4° Les trois *manufactures d'armes* de Toula, d'Ijewsk et de Sestroretzk;

5° Les quatre *ateliers permanents* de réparation des armes portatives de Saint-Pétersbourg, de Kiew, de Moscou, de Tiflis, et l'*atelier provisoire* de Varsovie ;

6° Les *arsenaux locaux* de Saint-Pétersbourg, de Briansk et de Kiew; dans les deux premiers, on fabrique des bouches à feu, des affûts et des voitures, dans le dernier des affûts et des voitures seulement. En outre, on y entretient le matériel nécessaire à la formation en temps de guerre de quatre ateliers mobiles ;

7° L'*atelier de précision* de Saint-Pétersbourg, où l'on finit les bouches à feu ébauchées dans les autres établissements ;

8° Les *ateliers d'artillerie* pour la réparation du matériel (un dans chaque circonscription militaire de la Russie d'Europe) ;

9° Les *ateliers de pyrotechnie* pour la confection et la manipulation des munitions (un dans chaque circonscription de la Russie d'Europe). Celui de Saint-Pétersbourg est désigné sous le nom d'*atelier central* ;

10° L'*atelier de fabrication des fusées de guerre*, à Nikolaïew;

11° L'*atelier de Moscou*, où l'on fabrique les culots de cartouche pour fusil transformé au système Karl.

Indépendamment des ressources qu'elle trouve dans ses établissements, la Russie fait à l'industrie privée des commandes de canons, de projectiles, de fusées et d'affûts.

Dans chacune des circonscriptions militaires de la Russie d'Europe, il existe un *dépôt de matériel* (deux dans la circonscription de Varsovie); on y tient en réserve le matériel nécessaire pour le temps de guerre.

ORGANISATION DES TROUPES DE L'ARTILLERIE.

L'armée russe comprend des troupes régulières et des troupes irrégulières, ayant des artilleries distinctes. Les troupes régulières se divisent en *troupes actives* et en *troupes sédentaires*.

TROUPES ACTIVES.

* Elles sont organisées en divisions permanentes d'infanterie ou de cavalerie, ayant chacune un certain nombre de batteries, dont la réunion constitue une *brigade d'artillerie de campagne*. Ces brigades portent les numéros des divisions auxquelles elles sont attachées.

L'organisation actuelle comporte :

2 brig. d'artill. montée de la garde ;

1 id.	id.	(mixte) de la garde et des grenadiers ;
3 id.	id.	des grenadiers ;
1 id.	id.	des grenadiers du Caucase ;
40 id.	id.	de la ligne ;
2 id.	id.	du Turkestan ;
1 id.	id.	de la Sibérie orientale ;
1 batterie	id.	(de 4) de la Sibérie occidentale ;

1 brigade d'artillerie à cheval de la garde ;

7 id.   id.   de la ligne.

D'après le projet de réorganisation, le nombre des divisions d'infanterie et de cavalerie doit être augmenté, et l'artillerie subira une augmentation analogue. Elle comprendra :

57 brigades d'artillerie montée et 18 brigades d'artillerie à cheval. De plus on formera :

96 batteries montées de réserve,

24   id.   de dépôt.

Les premières seront attachées à la réserve de l'armée ; les secondes constitueront des batteries de marche.

Organisation des brigades. — Les brigades d'artillerie montée ne comptaient jusqu'ici que 4 batteries : 1 de 9, 2 de 4, et 1 de mitrailleuses. Cette composition vient d'être modifiée ([1]), et dorénavant les brigades seront formées de 6 batteries, savoir : 3 de 9, 2 de 4 et 1 de mitrailleuses. Le changement ne se fera que peu à peu, en commençant

---

([1]) Décret du 30 décembre 1872 (11 *janvier* 1873).

par les brigades des circonscriptions voisines de la frontière occidentale (Saint-Pétersbourg, Finlande, Vilna, Varsovie, Kiew et Odessa, en tout 29 brigades).

Les brigades des circonscriptions de Kasan et du Caucase, au nombre de 8, seront provisoirement composées de 5 batteries (2 de 9, 2 de 4, 1 de mitrailleuses); ce sont les brigades nᵒˢ 2, 38, 39 et 40, la brigade des grenadiers du Caucase, et les brigades 19, 20 et 21. Chacune des quatre dernières organise en temps de guerre des batteries de montagne. Les brigades des provinces asiatiques conservent encore leur composition actuelle. Les brigades à cheval ne seront pas modifiées; elles comptent 2 batteries à cheval de 4; la brigade de la garde a seule 4 batteries.

Chaque brigade est commandée par un officier général ou par un officier supérieur du grade de colonel, assisté d'un adjoint et d'un officier chargé des fonctions de trésorier et de quartier-maître (¹). Des médecins, des vétérinaires, un instructeur d'équitation font partie de l'état-major de la brigade. Le grade de chef d'escadron n'existe pas dans l'artillerie russe. Les commandants de batterie ont rang de colonel ou de lieutenant-colonel (²). Les officiers d'artillerie prennent rang avec les autres officiers de l'armée du grade immédiatement supérieur à celui dont ils exercent les fonctions; ceux de la *vieille garde* (³) sont assimilés aux officiers de l'armée qui leur sont supérieurs de deux grades.

Composition de la batterie. — La batterie forte de 8 pièces se partage en deux divisions de deux sections chacune.

Sur le *pied de paix*, le personnel de la batterie comprend 4 sections, mais à effectif réduit; le matériel se compose de 4 pièces et de 2 caissons pour les batteries montées, de 8 pièces et de 2 caissons pour les batteries à cheval.

(¹) Le quartier-maître est chargé du casernement, des approvisionnements, etc.

(²) Tous les commandants de batterie de la garde et un tiers de ceux de la ligne sont colonels, les autres sont lieutenants-colonels.

(³) Cette dénomination s'applique à une partie des troupes de la garde.

Sur le *pied de paix renforcé*, les 4 sections ont leurs effectifs au complet; le matériel comprend 8 pièces et 8 caissons.

Sur le *pied de guerre*, la batterie a toutes les voitures qu'elle doit emmener en campagne; le personnel est renforcé d'une 5ᵉ section qui constitue la réserve.

Toutes les pièces sont attelées à 6 chevaux; les mitrailleuses à 4 chevaux seulement.

Composition de la batterie.

1° *Personnel.*

DÉSIGNATION DES GRADES.		BATTERIES DE 9		4 montée.		4 à cheval.		mitrailleuses.	
		Pied de guerre.	Pied de paix.	Pied de guerre.	Pied de paix.	Pied de guerre.	Pied de paix.	Pied de guerre.	Pied de paix.
Colonel ou lieutenant-colonel commandant la batterie		1	1	1	1	1	1	1	1
Capitaine		1	1	1	1	1	1	1	1
Capitaines en 2ᵉ		1	1	1	1	2	2	1	1
Lieutenant		1	1	1	1	1	1	1	1
Sous-lieutenants		2	2	1	1	1	1	1	1
Enseigne		»	»	1	1	1	1	1	1
Total des officiers		6	6	6	6	7	7	6	6
COMBATTANTS.	Maréchal des logis chef	1	1	1	1	1	1	1	1
	Volontaires	2	2	2	2	2	2	2	2
	Maréchaux des logis, 1ʳᵉ classe	8	4	8	4	8	4	8	4
	Maréchaux des logis, 2ᵉ classe	16	10	16	10	16	10	16	10
	Trompettes	4	4	4	4	4	4	4	4
	Bombardiers-artificiers	8	8	8	8	8	8	8	8
	Bombardiers	50	30	40	20	50	40	30	20
	Canonniers	190	130	140	100	200	160	110	80
Total des combattants		279	189	219	149	289	229	179	129
NON COMBATTANTS.	Secrétaires	2	2	2	2	2	2	2	2
	Feldschers (Aides-médecins)	1	1	1	1	2	2	1	1
	Vétérinaires	1	1	1	1	1	1	1	1
	Infirmiers	2	2	2	2	2	2	2	2
	Ouvriers	12	12	12	12	16	16	12	12
	Sous-officiers du train	2	1	2	1	2	1	2	1
	Soldats du train	11	3	10	3	10	3	10	3
	Ordonnances	7	7	7	7	8	8	7	7
Total des non combattants		38	29	37	29	43	35	37	29
Total général		317	218	256	178	332	264	216	158

2° *Chevaux.*

DÉSIGNATION DES CHEVAUX.	BATTERIES DE							
	9		4				mitrailleuses.	
			montées.		à cheval.			
	Pied de guerre.	Pied de paix.	Pied de guerre.	Pied de paix.	Pied de guerre.	Pied de paix.	Pied de guerre.	Pied de paix.
CHEVAUX de selle.........	9	9	9	9	143	135	9	9
de trait.........	180	33	142	25	146	60	98	25
de réserve......	17	6	17	6	17	6	17	6
Total......	206	48	168	40	306	201	124	40

NOTA. — Les officiers sont montés à leurs frais.

3° *Matériel.*

DÉSIGNATION DES VOITURES.	BATTERIES DE							
	9		4		de mitrailleuses.		de 3 (montagne).	
	Pied de guerre.	Pied de paix.	Pied de guerre.	Pied de paix.	Pied de guerre.	Pied de paix.	Pied de guerre.	Pied de paix.
Canons.....................	8	4	8	4	8	4	8	4
Caissons....................	24	2	16	2	8	2	»	»
Caisses à munitions.........	»	»	»	»	»	»	112	28
Affûts de rechange.........	2	»	»	»	»	»	»	»
Forges....................	1	»	1	»	1	»	»	»
Chariots de batterie........	1	»	1	»	1	»	»	»
Voitures d'approvision¹, etc..	4	2	3	2	3	2	»	»
Total des voitures.......	40	8	29	8	21	8	»	»

4° *Approvisionnement de la batterie.*

NATURE DES MUNITIONS.	BATTERIES	
	de 4.	de 9.
Obus ordinaires........................	400	400
incendiaires......................	80	96
à balles........................	160	120
Charokhs a balles.........................	320	264
Cartouches à mitraille	80	80
Nombre total de coups..........	1040	960
Nombre de coups par pièce......	130	120

Transport des munitions. — L'armée russe ne possède pas de corps spécial chargé du transport des approvisionnements. Des voitures sont affectées à chaque régiment ou bataillon, les unes destinées aux vivres, les autres aux munitions. Les hommes chargés de la conduite de ces voitures font partie du régiment ou du bataillon, et portent le nom de *soldats du train*. Dans les régiments d'infanterie et les bataillons de chasseurs, il y a une voiture à munitions par compagnie, portant 72 cartouches par homme. Les régiments de dragons ont deux voitures qui transportent 48 cartouches par fusil et 10 par pistolet. Dans les autres régiments de cavalerie, un petit nombre d'hommes seulement est armé de carabines (16 éclaireurs par escadron), et il n'y a qu'une seule voiture portant 30 cartouches par carabine et 20 par pistolet. Ces voitures servent au réapprovisionnement sur le champ de bataille.

Les voitures régimentaires sont réapprovisionnées au moyen des ressources tirées des *parcs d'artillerie de campagne*, qui se divisent en *parcs d'artillerie* proprement dits, destinés aux divisions d'infanterie, et en *parcs d'artillerie à cheval* destinés aux divisions de cavalerie. En temps de paix, ils sont réunis et forment des *brigades de parcs*; dans les armées, ils sont répartis suivant les besoins.

Les dispositions actuelles du temps de paix seront sans doute modifiées par suite de l'augmentation de l'armée; mais les changements porteront sur les chiffres plutôt que sur le principe même de l'organisation.

Il existe actuellement 8 brigades, comprenant chacune 3 parcs d'artillerie et 1 parc d'artillerie à cheval, excepté les brigades 6 et 8 qui n'ont pas de parc d'artillerie à cheval.

Les parcs d'artillerie sont numérotés entre eux de 1 à 24, et les parcs d'artillerie à cheval de 1 à 6.

On compte en outre :

1° Une brigade de parc du Caucase comprenant :

4 parcs d'artillerie,

1   id.   à cheval,

$\frac{1}{2}$ id.   id.;

2° Un parc *volant* de la circonscription de Finlande ;

3° Un $\frac{1}{2}$ parc *mobile* de la Sibérie orientale.

En temps de guerre, les parcs d'artillerie du Caucase sont dédoublés et forment 8 parcs volants numérotés de 1 à 8.

Chaque parc se divise en 2 sections : la première, ou *parc mobile*, comprend des voitures à 4 roues ; la deuxième, ou *parc volant*, ne renferme au contraire que des voitures à 2 roues ; ce sont ces dernières qui servent au réapprovisionnement des voitures régimentaires.

Les divisions de cavalerie, les troupes de Finlande et celles du Caucase n'ont que des parcs volants.

La répartition de l'approvisionnement est faite de telle manière que si un régiment, un bataillon ou une batterie vient à être détaché, il peut emmener les voitures à munitions qui lui sont nécessaires.

Équipages de siége. — La Russie achève en ce moment l'organisation de ses équipages de siége. Elle possède 2 parcs de siége complets, et $\frac{1}{2}$ parc spécialement affecté au Caucase.

La composition d'un parc est la suivante :

200 canons rayés de 24,

80   id.   de 9,

20 mortiers rayés de 8 pouces,

20   id.   de 6 pouces,

40 mortiers lisses dc 2 pouds,

40   id.   de $\frac{1}{2}$ poud.

Total : 400 bouches à feu.

Chaque parc se divise en 3 parties :

1° Parc de 1re installation à 2 sections ;

2° Parc principal à 8 sections ;

3° Parc de réserve à 2 sections.

Le ½ parc du Caucase comprend 100 bouches à feu, (canons de 4, de 9, et mortiers de ½ poud).

Parcs et dépôts de réserve en arrière des armées. — Dans une guerre sur les frontières de la Russie, les magasins et les ateliers des circonscriptions serviraient au ravitaillement des parcs divisionnaires et aux réparations du matériel. Mais si le théâtre de la guerre était plus éloigné, ou si les ressources des circonscriptions devenaient insuffisantes, le commandant en chef ferait constituer en arrière de l'armée des *réserves*, un *atelier mobile de réparation*, et un *atelier de pyrotechnie*, dont l'organisation a été réglée par un décret du 15/27 juillet 1872.

Les *réserves* prennent le nom de *dépôts de 1re ligne* ou de *dépôts intermédiaires*, suivant qu'elles se trouvent sur la base d'opérations ou qu'il a fallu les porter en avant.

Elles comprennent :

1° Un parc de réserve ;

2° Des dépôts d'approvisonnements pour bouches à feu ;

3° Des dépôts provisoires pour armes à feu portatives.

Le *parc de réserve* est chargé d'assurer constamment à l'artillerie de l'armée les ressources en hommes, en chevaux et en matériel. Ce parc comprend 3 sections :

1° Les réserves en hommes et en chevaux ;

2° La réserve en matériel d'artillerie ;

3° La réserve en armes portatives.

Les *dépôts d'approvisionnement pour bouches à feu* sont chargés de réapprovisionner les parcs divisionnaires ; le nombre et l'importance en sont fixés par le commandant en chef, sur la proposition du commandant de l'artillerie de l'armée.

Dans les *dépôts provisoires pour armes à feu portatives*, on répare les armes qui n'ont pu être envoyées immédiatement au parc de réserve.

Les ressources en matériel et en munitions sont tirées

d'abord des magasins des circonscriptions placées sous les ordres du commandant en chef, et lorsqu'ils sont épuisés, des magasins des circonscriptions voisines.

Les approvisionnements en munitions des dépôts intermédiaires sont tirés des dépôts de 1re ligne, ou, s'il est possible, confectionnés sur place à l'aide des ressources locales.

Atelier mobile de réparation. — Il est chargé des réparations que les corps ne peuvent exécuter. Il comprend deux sections, l'une pour le matériel d'artillerie, l'autre pour les armes portatives. Attaché ordinairement au parc de réserve, il peut être fractionné si les circonstances l'exigent.

Atelier de pyrotechnie. — Il est chargé de la confection des munitions de campagne et de siége. On l'utilise dans les dépôts d'approvisionnement ; il peut aussi être détaché en totalité ou en partie.

TROUPES SÉDENTAIRES.

Les troupes sédentaires de l'artillerie comprennent actuellement :

Des batteries dites de réserve ;

Des batteries d'instruction ;

Des compagnies d'artillerie de place.

Les *batteries de réserve* sont chargées de l'instruction des recrues.

Leurs cadres sont constitués d'une façon permanente. Dans la nouvelle organisation, ces batteries disparaîtront, et on instruira les recrues dans les corps. Les hommes classés dans la réserve seront rappelés et formeront des batteries attachées à l'armée de réserve.

Les *batteries d'instruction*, au nombre de deux, une batterie montée et une batterie à cheval, sont destinées à former les cadres de l'artillerie de campagne. Elles ont un cadre permanent, et reçoivent des officiers, des sous-officiers et des soldats. La durée du séjour y est de deux ans.

Artillerie de place. — La défense des places fortes est confiée en Russie à des corps de troupes spéciaux composés d'infanterie et d'artillerie. Chaque place, suivant son importance, reçoit des régiments ou des bataillons d'infanterie et un nombre variable de compagnies d'artillerie.

En temps de guerre, ces compagnies sont chargées du service des bouches à feu ; on leur adjoint, en cas de besoin, des auxiliaires empruntés aux troupes d'infanterie.

En temps de paix, elles sont employées aux différents services des magasins d'artillerie (entretien du matériel, confection de munitions, etc.). Elles sont placées sous les ordres des commandants d'artillerie des directions.

Le nombre des compagnies de place est de 59 en temps de paix, mais il est porté à 91 en temps de guerre.

Leur effectif est variable ; le tableau suivant indique leur composition dans les différents cas.

Composition des compagnies d'artillerie de place.

DÉSIGNATION DES GRADES.	COMPAGNIES					
	à 400 hommes.		à 300 hommes.	à 250 hommes.	à 200 hommes.	à 150 hommes.
	Places des côtes.	Places de l'intérieur.				
Lieut.-colonel command. la comp. .	1	1	1	1	1	1
Capitaine.	1	1	1	1	1	1
Capitaine en 2ᵉ	1	1	1	1	1	1
Lieutenant.	1	1	1	1	1	1
Sous-lieutenant ou enseigne	2	1	1	1	1	1
Total des officiers	6	5	5	5	5	5
Maréchal des logis chef	1	1	1	1	1	1
Maréchaux des logis { 1ʳᵉ classe . .	14	13	9	8	6	4
2ᵉ classe . .	30	26	20	16	13	10
Tambours	2	2	2	2	2	1
Bombardiers-artificiers	20	20	15	12	10	8
Bombardiers.	80	80	55	48	40	32
Canonniers	300	300	230	190	150	110
Total	447	442	332	277	222	166
Non combattants.						
Secrétaires.	1	1	1	1	1	1
Feldschers (aides-médecins)	1	1	1	1	1	1
Ordonnances	7	6	6	6	6	6

Le tableau suivant fait connaître la répartition des compagnies d'artillerie de place sur le territoire de l'empire russe.

Répartition des compagnies d'artillerie de place.

DÉSIGNATION DES PLACES.	NOMBRE de compagnies		EFFECTIF de chaque compagnie	
	en paix.	en guerre.	en paix.	en guerre.
Saint-Pétersbourg	2	2	250	400
Cronstadt	8	13	250	400
Sveaborg.............	3	6	250	400
Wyborg	2	4	200	400
Dunamunde.............	1	3	250	400
Dunabourg	3	5	250	400
Bobruisk.............	1	2	300	400
Varsovie.............	3	3	250	400
Novogeorgiewsk	6	8	250	400
Ivangorod	2	3	250	400
Brest-Litowski	3	5	250	400
Kiew	2	6	250	400
Bender.............	1	2	250	400
Nikolaïew	4	5	250	400
Kertch.............	4	8	250	400
Alexandropol.............	2	4	200	300
Tiflis	2	2	250	250
Dans la province du Térek	2	2	200	200
Dans la province du Dagestan ..	1	1	300	300
Dans la province du Kouban...	1	1	200	200
Akhaltzykh	1	1	200	300
Nikolaïew (sur l'Amour)......	1	1	250	250
Tachkend.............	1	1	200	200
Wiernoïé	1	1	150	150
Tchinaz	1	1	200	200
Perowski	1	1	150	150
Total......	59	91		

RECRUTEMENT DES OFFICIERS. — ÉCOLES.

Tous les officiers de l'artillerie de campagne doivent avoir suivi les cours de l'*École d'artillerie Michel* établie à Saint-Pétersbourg. La durée des cours est de 3 ans, et le nombre total des élèves de 160. A leur sortie, ils passent un examen et sont classés, d'après les notes obtenues, en trois catégories. Ceux de la 1re catégorie sont promus sous-lieutenants, et ceux de la 2e, enseignes dans l'artillerie de campagne; ceux de la 3e sont envoyés comme

Junkers dans l'infanterie ou la cavalerie, et peuvent y être nommés enseignes au bout de 6 mois.

Une autre école, l'*Académie d'artillerie Michel*, également à Saint-Pétersbourg, est destinée à compléter l'instruction théorique des officiers. La durée des cours est de 2 ans, et le nombre des élèves de 60. Un an après leur sortie de l'académie, les officiers peuvent être appelés dans l'artillerie de la garde.

L'artillerie de place reçoit comme officiers les sous-officiers promus qui proviennent de l'artillerie de campagne ou des compagnies d'artillerie de place, ou qui sortent de l'*École de pyrotechnie* de Saint-Pétersbourg.

TROUPES IRRÉGULIÈRES.

Ces troupes sont recrutées dans les provinces des confins asiatiques et dans celles du Don. Elles concourent avec les bataillons frontière au maintien de l'ordre et à la défense de cette partie du pays ; elles comprennent de l'infanterie, une cavalerie très-nombreuse et de l'artillerie.

Le tableau suivant fait connaître la répartition de cette artillerie.

Artillerie des troupes irrégulières.

DÉSIGNATION DES TROUPES.	NOMBRE des batteries.	NOMBRE de bouches à feu		PERSONNEL.	
		par batterie.	total.	officiers.	troupe.
Troupes du Don.........	1 batterie à cheval de la garde....	12	12	10	408
	13 batteries à cheval	8	104	91	3 250
Troupes du Kouban	5 id.	8	40	30	655
Troupes du Térek........	2 id.	8	16	12	478
Troupes d'Orenbourg	3 id.	8	24	21	714
Troupes du Transbaïkal ...	2 id.	8	16	12	264
Division d'instruction de l'artillerie à cheval cosaque..	1/2	»	4	8	140
Totaux	26 1/2	»	216	184	5909

Dans une guerre européenne, la Russie mobiliserait

une partie seulement de ses troupes irrégulières, celles qui seraient le moins éloignées du théâtre de la lutte, en particulier celles du Don, l'organisation de ces dernières troupes se rapprochant davantage de celle du reste de l'armée. Les distances considérables à parcourir, les difficultés des communications et des transports ne permettraient sans doute pas aux autres corps d'arriver en temps utile.

Les officiers appartiennent à la même nationalité que leurs soldats, ils sont instruits dans des écoles spéciales, dites écoles d'*Ouriadniks* (sous-officiers), et dans la division d'instruction de l'artillerie à cheval cosaque.

ARTILLERIE SUISSE

---∞¦∞¦∞∞---

I. Bouches a feu. — Bouches à feu lisses. — Canons rayés se chargeant par la bouche. — Canons rayés se chargeant par la culasse. — II. Affuts et Voitures. — III. Munitions. — IV. Effets du tir. — V. Organisation.

I. BOUCHES A FEU (¹).

L'artillerie suisse est comptée avec raison parmi les plus instruites : aussi toutes ses créations méritent-elles d'être étudiées avec une grande attention, et son matériel de campagne, pour la construction duquel elle a de bonne heure utilisé le fer, présente-t-il des qualités remarquables. Une description partielle en a déjà été donnée par la *Revue d'artillerie*, en octobre 1872, à la suite des expériences de Trouville (²).

Bouches à feu lisses. — L'artillerie suisse n'a conservé que trois bouches à feu lisses, dites *pièces de position*, savoir :

Un *canon de 6*, du calibre de 92^{mm},5, lançant un boulet, un obus à balles et une boîte à balles ;

Un *obusier de 16*^{c} (24 liv.), lançant un obus, un obus à balles, une boîte à mitraille et un obus incendiaire qui est analogue au *carcass* anglais ;

(¹) Mesures employées par l'artillerie suisse. — L'unité de longueur employée dans les documents antérieurs à 1872 est le *pied* valant 0^{m}30 ; il se divise en 10 *pouces*, le pouce en 10 *lignes*, la ligne en 10 *points* ou *traits*. On écrit :

1^I pour 1 pied, c'est-à-dire 0^m,3
1^{II} id. 1 pouce, id. 0^m,03
1^{III} id. 1 ligne, id. 0^m,003
1^{IIII} id. 1 point, id. 0^m,0003

L'unité de poids employée dans les mêmes documents est la livre de 500 grammes, subdivisée en fractions décimales.

Aujourd'hui l'artillerie suisse fait usage du système métrique, et exprime en centimètres le calibre des bouches à feu.

(²) Tome I, page 72.

Enfin un *mortier de 22ᶜ*, lançant une bombe qui pèse,
vide, 21ᵏ,600, et reçoit une charge explosive de 2ᵏ,200.

Canons rayés se chargeant par la bouche. — On adopta d'a-
bord, en 1862, un canon rayé de 4, en bronze, se chargeant par la bouche, du calibre de 84ᵐᵐ,4, et d'une longueur d'âme de 17ᶜ,05. Ce canon, qui se tire à la charge
de 625 gr., ressemble beaucoup au canon français, mais
réalise dans une certaine mesure, grâce à la disposition du
projectile, les avantages du chargement par la culasse. La
couronne d'ailettes postérieure est remplacée par un *culot
expansif*, fait d'un alliage de ⁹/₁₀ de plomb et de ¹/₁₀ de
zinc; il est soudé au projectile et creusé en forme de
coupe sur sa face postérieure. La partie cylindrique de ce
culot, d'environ 15ᵐᵐ de haut, porte six talons, dont le
profil est le même que celui des rayures. Ce culot est complétement forcé contre la paroi du canon par la pression des gaz agissant dans sa partie concave, et la régularité du mouvement du projectile dans l'âme est ainsi
assurée.

Deux canaux, percés obliquement à travers le fond et
l'épaisseur de la paroi et prolongés par des rainures extérieures jusqu'au haut de la partie cylindrique, servaient
primitivement d'évents aux gaz de la poudre pour leur
permettre d'enflammer l'amorce de la fusée à durée. Ces
évents ont été ensuite remplacés par des rainures pratiquées à côté des talons du culot, sur son pourtour. Ces
dernières ont été elles-mêmes supprimées en 1866, époque
où l'on adapta à la fusée un appareil percutant organisé
de manière à détoner au départ du projectile.

Un canon de montagne a été construit en 1864, suivant
les mêmes principes que le canon précédent. Il a le même
calibre, une longueur d'âme de 10ᶜᵃˡ,35, et lance, à la
charge de 300 gr., un obus ordinaire du poids de 3ᵏ,920,
ainsi qu'une boîte à mitraille renfermant 41 balles en
zinc.

Canons rayés se chargeant par la culasse. — Quelque temps après, l'artillerie suisse adopta le chargement par la culasse, et elle possède aujourd'hui trois bouches à feu construites d'après ce principe, savoir: 1° un canon de 12^c, pièce de position, adopté en 1867; 2° un canon de campagne de 10^c, dont le modèle date de 1866, mais qui n'a été définitivement adopté qu'en 1869; 3° un canon de 8^c,4 adopté en 1871 pour être substitué au canon de 4 de campagne modèle 1862.

La première de ces bouches à feu est pourvue de l'appareil à double coin Kreiner ([1]), avec anneau obturateur en acier.

Les pièces de ce calibre ont été obtenues les unes au moyen de la refonte, les autres au moyen de la transformation des canons lisses de 12 liv. modèle 1851; elles ne diffèrent que par la forme et les dimensions de l'appareil de fermeture. Quelques bouches à feu neuves, en petit nombre, ont été fabriquées en acier fondu.

Le canon de 10^c est en acier fondu au creuset; il est forgé avec les tourillons d'un seul bloc. Extérieurement il est recouvert d'un vernis noir, excepté sur une partie plane destinée à recevoir le quart de cercle à niveau.

Le canon de 8^c,4 est en bronze.

Ces deux bouches à feu sont construites suivant les mêmes principes et présentent une grande ressemblance. La fermeture de culasse est à coin simple, avec anneau Broadwell. Quelques indications ont déjà été données sur ce système dans le numéro d'octobre de la *Revue d'artillerie*, nous les complétons ici par la légende suivante, qui se rapporte aux figures 1, 2, 3, 4 (planche VI), représentant le canon de 8^c,4 et dessinées à une assez grande échelle pour qu'on puisse aisément se rendre compte de toutes les parties du mécanisme.

---

[1] Voir *Revue d'Artillerie*, tome I, page 18.

Coupe horizontale par l'axe de la bouche à feu.

(Figure 1.)

ab, face antérieure de la mortaise, perpendiculaire à l'axe de la bouche à feu.

a' b', face postérieure, un peu oblique à cet axe, de manière que la largeur de la mortaise diminue progressivement de la gauche à la droite; vers son extrémité gauche et au milieu de sa hauteur, se trouve *l'écrou de la vis de fermeture*, pièce en acier fondu, noyée entièrement dans la bouche à feu à laquelle elle est fixée par des vis, et contenant une portion d'écrou avec trois tours de filets.

C, coin de fermeture en fer forgé, de forme et de grandeur correspondantes à celles de la mortaise; ses arêtes longitudinales, surtout l'arête inférieure de devant, sont abattues. A son extrémité droite est la fausse âme *f*, à bords arrondis; au milieu de sa face antérieure est une excavation circulaire pour la contre-plaque; à son extrémité gauche, une excavation profonde, de forme rectangulaire, s'ouvre sur l'arrière et renferme la vis de fermeture; la paroi extérieure de cette excavation, formant la face gauche du coin, est percée d'un trou pour l'arbre de la manivelle.

d, disque de cuivre formant coussinet, fixé au fond de l'excavation circulaire par trois petites vis à tête noyée.

e, contre-plaque, en acier fondu, s'ajustant bien dans l'excavation et dépassant un peu la surface du coin; son bord postérieur est arrondi et sur sa face antérieure est creusé un léger évidement concentrique formant le fond de la chambre, entouré par le plan d'obturation, formant une couronne circulaire légèrement en saillie. Pour retirer la contre-plaque, on la chasse en frappant avec un marteau sur une broche introduite dans un trou qui traverse le coin.

g, anneau obturateur système Broadwell; sa face antérieure est évidée en forme d'U, avec le bras du dedans

court et droit, et celui du dehors plus long; sa face postérieure fait un peu saillie dans la mortaise, et est creusée
de deux ou trois rainures concentriques pour détruire la
force des filets gazeux qui parviendraient à s'infiltrer dans
le joint (¹). On lui a donné extérieurement la forme d'un
segment de sphère afin qu'il s'ajuste dans la fraisure
sphérique qui termine la chambre. Chaque bouche à feu
a une contre-plaque et un anneau obturateur de rechange;
ils sont contenus dans une petite caisse enfermée elle-
même dans le coffre de l'avant-train de la pièce.

h, bague en acier fondu, qui ne se trouve que dans les
canons en bronze, et forme la fraisure dans laquelle se
loge l'anneau obturateur.

V, vis de fermeture, en acier non trempé, creuse, à filets
carrés tournant de droite à gauche; ces filets sont coupés
d'un côté jusqu'au noyau à l'exception du premier tour;
le noyau, sur lequel est pratiquée une rainure destinée à
recevoir une cale, est fixé sur l'arbre de la manivelle par
une vice noyée.

k, manivelle en fer forgé, composée d'un arbre avec
pivot, embase, collet et *tête* d'une seule pièce. Un bras creux,
avec boutons inégaux aux deux bouts, traverse la tête
dans laquelle il est fixé par une petite vis. Quand le plus
petit bouton est en avant, le côté aplati de la vis de fermeture se trouve dans le plan de la face postérieure du
coin; on peut alors enfoncer le coin dans la mortaise jusqu'à ce que le filet resté entier touche l'écrou de la vis de
fermeture; en faisant faire au bras de la manivelle un
demi-tour de manière à replacer horizontalement le
plus petit bouton en arrière, on aura fait entrer dans
l'écrou tous les filets de la vis, et le coin sera entièrement
enfoncé.

l, canal de la hausse.

(¹) *Revue d'artillerie*, tome I, page 23.

Élévation latérale gauche, la tête de la manivelle enlevée.
(Figure 2.)

m n, face inférieure de la mortaise; à l'avant se trouve une rainure pour la crasse, et à l'arrière un talon à section quadrangulaire, parallèle à la face postérieure du coin et servant à le diriger.

P, embase de la manivelle, composée de deux parties de rayons inégaux, raccordées par des arcs concaves *q, q'*; le premier, en venant buter contre le bouton d'arrêt *r*, arrête la vis de fermeture au moment où la partie coupée du filet arrive en face de l'écrou, c'est-à-dire lorsqu'on en peut retirer le coin pour effectuer le chargement.

s, ressort à moitié embrevé sur la tranche de l'embase et fixé par une vis à tête noyée; il empêche le coin de se desserrer dans les marches.

Face postérieure du coin.
(Figure 3.)

f, fausse âme. — *V*, vis de fermeture. — *r*, bouton d'arrêt, qui n'est autre chose que la tête d'une vis. — *tt'*, rainure pour la *vis d'arrêt*. — *u*, bout aplati de la *vis d'arrêt*; cette vis, qui a une tête en forme d'anneau avec embase circulaire, est logée dans la partie supérieure de la culasse; elle sert à arrêter le coin, lorsqu'on le retire, au moment où l'axe de la fausse âme coïncide avec celui du canon.

Face supérieure du coin.
(Figure 4.)

t t', rainure de la vis d'arrêt.

Le tableau suivant fait connaître les principales dimensions des canons de 12^c, 10^c et 8^c,4.

ÉLÉMENTS PRINCIPAUX.	CANON DE 12c (Bouche à feu refondue).	CANON de 10c.	CANON de 8c,4.
Longueur totale de la bouche à feu..............mm	2100	2100	2000
Distance de l'axe des tourillons à la tranche de la culasse..	900	900	900
Longueur { de la partie lisse de l'âme	534	495	465
{ de la partie rayée	1566	1605	1535
{ du cône de raccordement...........	60	60	60
Diamètre de la partie rayée { dans les rayures...	120	108	87
{ entre les cloisons ..	123	105	84
Nombre des rayures................................	12	12	12
Largeur des rayures { à l'avant................mm	20,9	17,9	14
{ à l'arrière	20,9	23,0	18
Largeur des cloisons { à l'avant...............	10,5	17,7	7,99
{ à l'arrière	10,5	22,8	3,99
Pas des rayures................................. m.	6,00	4,20	3,80
Inclinaison des rayures { suivant l'hélice médiane..	3°35'43''	4°29'25''	»
{ suivant le flanc antérieur.	3°35'43''	4°34'52''	4°34'
{ suivant le flanc postérieur.	3°35'43''	4°24'00''	4°25'
Épaisseur du métal { près et en avant de la lumièremm	90,5	75,6	68,5
{ à la bouche...............	48	42	36
Distance de la lumière à la face antérieure de la mortaise du coin	90	»	80
Poids de la bouche à feu, sans l'appareil de fermeture kil.	865	610	418
Id. avec id.	909	636	433
Distance horizontale du centre de gravité à l'axe des tourillons (en arrière de cet axe)............mm	87	72	»
Angle maximum qu'on peut { dans le sens vertical..	16°42'	16°42'	16°42'
donner avec la hausse : { dans le sens horizontal	1°26'	1°26'	1°26'

Les hausses sont graduées, non pas en millimètres, mais en millièmes *de la longueur de la ligne de mire*, ce qui permet de trouver facilement l'angle de tir quand on connaît la hausse et réciproquement.

Instruments pour nettoyer l'âme des canons. -- Dans chaque batterie de canons de 8c, 10c ou 12c, il se trouve un instrument *à nettoyer le canon*, et un instrument *à désemplomber les rayures*.

Le premier (pl. VI, fig. 5), consiste en un piston en chêne, rond, s'amincissant vers les deux bouts, et pourvu en son milieu d'un certain nombre de rainures. Il est percé suivant son axe ; dans le canal est engagée une corde de

chanvre avec un nœud de chaque côté. Aux deux bouts
de la corde se trouvent deux tiges de bois servant de poignées. Pour faire usage de l'instrument, on entoure le
piston de chiffons, et deux hommes lui impriment un mouvement de va-et-vient dans la bouche à feu.

L'instrument à désemplomber (pl. VI, fig. 6) se compose
d'un piston en bois qui se visse à l'extrémité d'une hampe.
La partie postérieure du piston porte trois talons en bois
dur, embrevés et fixés par des vis à bois, correspondant à
trois rainures de la bouche à feu. Vers le devant se trouve
un grattoir servant à nettoyer *le milieu du fond d'une rayure;*
plus en arrière, des deux côtés de la queue du premier,
sont deux grattoirs servant à nettoyer *les deux cloisons voisines;* enfin, tout à fait en arrière, est un grattoir double,
pour nettoyer *les deux côtés du fond, les deux angles rentrants*
et *les deux flancs de la rayure.* Ces grattoirs consistent en
des ressorts d'acier, embrevés dans des entailles pratiquées
dans le piston, fixés par des vis à bois, et terminés par
un tranchant (celui-ci, pour le grattoir double, est tourné
vers l'arrière). Les grattoirs ont une position correspondante à l'inclinaison des rayures; quand on introduit l'instrument dans la bouche à feu, ils sont pressés par leur
élasticité contre les parois de l'âme et enlèvent le plomb;
le grattoir double, faisant ressort des deux côtés, suit les
flancs de la rayure cunéiforme, et nettoie les portions du
fond qui, à droite et à gauche, n'ont pas été touchées par
le grattoir de devant. — On sépare le piston de la hampe
pour les placer dans le chariot de batterie.

II. AFFUTS ET VOITURES.

Affûts. — Le canon de 12ᶜ est monté sur un affût modèle 1843, modifié en 1853 et 1856. Il est accompagné de
caissons modèle 1843, dont chaque coffre contient 24 coups,
et subsidiairement de caissons du système Gribeauval,

modèle 1810 et 1819, divisés en quatre compartiments contenant chacun 18 coups.

Les pièces de 10^c et de 8^c,4 sont montées sur des affûts en fer. Les détails qui suivent, et les figures (7, 8, 9, 10, 11, pl. VII) se rapportent à l'affût du canon de 10^c.

Chaque flasque est formé d'un cadre en fer à équerre, composé de deux pièces se raccordant à joints plats aux extrémités postérieure et antérieure ; le dessus et le dessous forment des lignes droites qui vont en se rapprochant de l'avant à l'arrière ; le devant, arrondi, présente en dessus et en dessous des rentrants demi-circulaires pour l'encastrement du tourillon et de l'essieu. Le cadre est rempli par une feuille de tôle d'une seule pièce, fixée extérieurement par des rivets au côté vertical des bandes à équerre (voy. fig. 9). A la partie antérieure du flasque se trouve une *tôle de renforcement*, encastrée intérieurement entre les bandes à équerre, et fixée au cadre par les mêmes rivets que la tôle extérieure (voy. fig. 10).

Les deux flasques ont leurs parties antérieures parallèles, se rejoignent à la crosse, et sont reliés par : 1° une *tôle frontale*, ou entretoise de devant, échancrée à la partie supérieure ; 2° une *tôle transversale*, ou entretoise du milieu, placée un peu en arrière de l'essieu et également échancrée ; 3° une *tôle de recouvrement*, servant de couverture à toute la partie postérieure de l'affût, et percée d'une ouverture rectangulaire qui correspond à un *coffret d'armement*. Le fond de ce coffret repose sur les bandes à équerre inférieures ; ses parois latérales sont formées par les flasques. Il est fermé par un couvercle à charnière, et une bande à équerre, fixée en avant de celui-ci, empêche l'eau qui tombe sur la tôle de recouvrement d'entrer dans le coffret. Celui-ci renferme divers menus objets, tels que hausse, tire-feu, dégorgeoir, fiole à huile, brosse pour le coin de fermeture, etc.

La vis de pointage, en acier fondu, est verticale lorsque la pièce est en batterie ; elle se meut dans un écrou en bronze; celui-ci, assujetti dans une traverse par deux anneaux d'arrêt, reçoit au moyen d'un engrenage un mouvement de rotation lorsqu'on agit sur une manivelle placée en dehors du flasque droit (voy. fig. 11). La tête de la vis, un peu bombée, est aplatie des deux côtés pour pouvoir être ajustée dans une fourchette qui l'empêche de tourner, et sur laquelle pose la culasse du canon. La fourchette est reliée à la vis de pointage par une cheville ronde, avec embase au bout de gauche, rondelle d'arrêt et esse à celui de droite; les deux bouts de cette cheville sont allongés pour servir à mouvoir la vis dans le cas où la manivelle et l'engrenage seraient mis hors de service. La fourchette forme l'une des extrémités d'une longue tige, qui se termine à l'autre extrémité par une coulisse dans laquelle s'engage une cheville ronde, assujettie contre la face postérieure de l'entretoise du milieu.

Deux fourches, dans lesquelles se loge un refouloir court, sont fixées debout, au milieu du corps de l'affût, l'une sur le couvercle du coffret d'armement, l'autre sur la tôle de recouvrement; leurs bras, formant ressort, se rapprochent vers le haut. Devant l'essieu se trouve un marche-pied servant à transporter deux canonniers; il lui est relié par deux bras qui vont se rattacher à l'essieu des deux côtés du corps d'affût. Ces deux bras sont courbés en avant vers le bas, de manière que le marche-pied soit horizontal quand la pièce est sur avant-train, et ils sont articulés au milieu, ce qui permet de relever le marche-pied. Chacun de ces bras se termine vers le haut par un encastrement demi-circulaire avec plan de cale au fond afin qu'il ne puisse pas y avoir rotation autour de l'essieu.

Essieux. — Il y a deux essieux différents, l'un pour l'affût, l'autre pour les avant-trains et le caisson. Le premier, en acier fondu et forgé, est cylindrique. Le second, en fer forgé, est à section rectangulaire.

Avant-train. — Le corps de l'avant-train, le même pour les pièces et pour les caissons, est en bois. La réunion des deux trains est à suspension. Les deux trains ont la même roue.

Caissons. — Il y a deux genres d'arrière-train de caisson : l'un, *avec coffret d'assortiment et tiroir*, n'a pas de roue de rechange ; l'autre, *sans coffret d'assortiment ni tiroir*, est disposé pour le transport d'une roue de rechange. Dans le premier, qui forme les caissons pairs des batteries, le coffret est placé entre les deux coffres, la fermeture placée du côté gauche : il reçoit divers menus objets (tourne-vis, fiole à huile, clef anglaise, etc.) ; le tiroir est sous l'arrière du corps, à gauche : il renferme l'instrument à nettoyer le canon, des cordes, des chiffons, etc.

Coffres à munitions. — Tous les coffres à munitions des pièces et des caissons, pour le même calibre, ont les mêmes dimensions et le même aménagement intérieur. Sur le devant de chacun d'eux sont fixées deux courroies dans le prolongement l'une de l'autre ; elles servent à attacher les sacs des canonniers. Les coffres d'avant-train ont des *courroies de dossier*.

Le tableau suivant fait connaître les principales données relatives à l'affût de 10ᶜ.

Hauteur de l'axe de la pièce au-dessus du sol.		1ᵐ,11
Distance {	entre les points d'appui des roues et de la crosse	1ᵐ,80
	du devant des roues à la bouche de la pièce	0ᵐ,573
Largeur de la voie, entre les milieux des jantes.		1ᵐ,365
Angle de la flèche avec le sol.		21°45'
Angles de tir limites {	au-dessus de l'horizon	14°15'
	au-dessous id.	14°30'
Diamètre des roues.		1ᵐ,44
Longueur totale de la voiture.		7ᵐ,50
Pas de la vis de pointage.		0ᵐ,012
Poids de l'affût avec essieu, roues, sabot et chaîne de sabot, sans bouche à feu ni équipements.		550ᵏ
Poids de l'affût avec bouche à feu et équipements.		1217ᵏ
Poids de l'avant-train équipé, avec munitions paquetées.		757ᵏ
Poids moyen par cheval, sans les servants.		329ᵏ
Id. avec les canonniers montés (5 hommes).		394ᵏ
Poids supporté par une des roues de devant, canonniers montés.		415ᵏ
Id. de derrière, id.		572ᵏ

III. MUNITIONS.

Les canons de 8^c, 10^c et 12^c lancent trois sortes de projectiles, savoir :

L'obus ordinaire, avec fusée percutante ;

L'obus à balles (shrapnel), avec fusée à durée ;

La boîte à mitraille.

Dans l'obus ordinaire de 12^c, l'enveloppe de plomb, coulée autour du noyau, est maintenue mécaniquement par des côtes en saillie ; mais dans les autres obus ordinaires et dans les obus à balles, elle est soudée au zinc sur la surface du noyau préalablement tournée. Cette enveloppe présente quatre bourrelets à section trapézoïdale séparés par trois rainures ; le diamètre des bourrelets est égal à celui de l'âme du canon dans les rayures, et la profondeur des rainures est égale à celle des rayures. Afin que la bouche à feu soit nettoyée à chaque coup par le projectile lui-même, les rainures antérieure et postérieure sont remplies de ficelle de chanvre huilée, disposée en une couche serrée et solidement assujettie.

Obus ordinaires. — Dans l'obus ordinaire de 12^c, le vide intérieur est cylindrique. Dans ceux de 8^c et 10^c, on a cherché à augmenter et à régulariser le nombre des éclats, en donnant à cette cavité la forme d'un prisme octogonal, qui se raccorde d'un côté avec l'œil de la fusée par deux pyramides tronquées à huit faces, et de l'autre avec le centre du culot par une pyramide à huit faces très-obtuse ; quatre rainures circulaires équidistantes, situées dans des plans perpendiculaires à l'axe de l'obus, sont creusées sur les faces du prisme ; la pyramide du culot présente des rainures le long de quatre de ses arêtes, enfin celle qui est adjacente à l'œil présente sur chaque face une côte en saillie.

La fusée percutante est tout à fait semblable à celle de l'artillerie prussienne.

Obus à balles. — Les balles, en zinc, sont huilées et maintenues au moyen de colophane. La charge explosive est, comme dans l'artillerie prussienne, renfermée dans un tube en laiton placé au milieu du chargement; ce tube s'appuie sur une rondelle en caoutchouc, contre laquelle il est serré par la fusée, qui le ferme à sa partie supérieure. Extérieurement l'obus est peint en rouge, à l'exception de l'enveloppe de plomb et de la couronne en ficelle, qui sont enduits de plombagine.

L'obus à balles de 8ᶜ,4, adopté en 1871, a été construit sur un type nouveau, permettant de réduire l'épaisseur des parois, et par suite de loger dans l'obus un plus grand nombre de balles : la partie cylindrique est *en fer forgé*; le culot et l'ogive sont en fonte, celle-ci fixée à la partie supérieure par des rivets, celui-là vissé à la partie inférieure (¹).

La fusée de l'obus à balles est à durée continue du système Breithaupt, mais elle est organisée de manière que toutes ses parties puissent, sans danger, rester sur le projectile dans les transports, et qu'il n'y ait d'autre opération à faire au moment du tir que celle du réglage. Elle se compose (pl. VI, fig. 12) :

1° D'un *corps de fusée*, disque circulaire sur chaque face duquel s'élève un cylindre creux, fileté extérieurement. Le cylindre inférieur, rempli de poudre, se visse dans l'obus, dont l'œil est élargi de manière à loger, en outre, toute l'épaisseur du disque. C'est dans la face supérieure de celui-ci qu'est creusée la rainure à composition fusante, ne faisant pas tout à fait un tour entier, et dont une des extrémités communique, par un conduit incliné rempli de mèche à étoupille, avec la poudre du cylindre inférieur. Sur cette face, comme sur une râpe, des envies ont été relevées à coups de pointeau; on y a ensuite appliqué par

---

(¹) Des figures représentant l'obus ordinaire et l'obus à balles de 8ᶜ,4 ont déjà été données par la *Revue d'artillerie*, octobre 1872, tome Iᵉʳ, 1.IV.

pression une mince feuille de plomb, qui a été rivée par l'écrasement des envies ; on a obtenu ainsi un recouvrement très-solide, absolument imperméable à l'humidité, mais se laissant traverser par un jet de flamme qui fait fondre le plomb.

2° D'un *appareil percutant*, destiné à fonctionner au départ du projectile et renfermé dans le cylindre supérieur. Le percuteur, en alliage de plomb et d'antimoine, est suspendu par deux oreilles prenant appui sur le bord du cylindre ; il est soutenu, en outre, par un ressort à boudin, disposé dans le vide qui est au-dessous, afin que les oreilles ne puissent pas se casser pendant les transports. Au milieu de la base, se trouve une excavation renfermant la composition fulminante, pastille formée de 5 parties de chlorate de potasse, 4 de sulfure d'antimoine, 1 de verre pilé, le tout recouvert d'un vernis à la gomme. Une aiguille est fixée au fond du compartiment ; au bas de la paroi sont percés quatre trous donnant passage à la flamme, et réunis entre eux par une rainure circulaire extérieure.

3° D'un *anneau de réglage avec cadran*. Il est plat, en alliage de plomb et d'étain, de même que le corps de fusée. Sur sa face inférieure, d'un côté, est creusé un canal contenant l'amorce pour la composition fulminante, composée de pulvérin humecté d'alcool ; cette amorce est recouverte de tulle ; le reste du dessous de l'anneau est taillé en râpe et recouvert de drap collé. En amenant l'amorce au-dessus d'un point de la composition fusante, la combustion de celle-ci commencera en ce point et se propagera dans les deux sens, circonstance peut-être fâcheuse parce que les gaz, venant de deux directions opposées et n'ayant qu'un orifice d'écoulement, doivent éprouver des chocs, des remous nuisibles à la régularité de la combustion. Le réglage est déterminé par un repère gravé sur le corps de fusée et sur le projectile, vis-à-vis de cette embouchure, et par une graduation en secondes, demi-secondes et quarts de secondes, peinte sur le pourtour extérieur de l'anneau.

4° D'un *écrou de serrage*, en alliage de plomb et d'étain, à bord strié; il se visse sur le logement du percuteur dont il forme la paroi supérieure, et serre l'anneau à cadran sur le corps de fusée; une rondelle de laiton est interposée entre l'anneau et l'écrou. Dans les magasins et pendant les transports, l'anneau est placé de manière que l'amorce pour la composition fusante se trouve sur la partie pleine conservée entre les deux bouts de celle-ci. Pour régler la fusée au moment du tir, il suffit de dévisser un peu l'écrou et de le resserrer après avoir tourné l'anneau jusqu'à ce que la division indiquant la durée voulue coïncide avec le repère marqué sur le projectile.

Boîte à mitraille. — La boîte à mitraille des canons de 10^c et de 12^c se compose d'une forte feuille de zinc enroulée, d'un culot épais en zinc et d'un couvercle mince également en zinc; elle est peinte extérieurement en vert. La boîte à mitraille de $8^c,4$ se compose d'une enveloppe en tôle mince, avec culot en bois.

Le tableau suivant fait connaître les principales dimensions des projectiles des trois calibres, ainsi que les charges de tir employées.

Ces charges sont renfermées dans des sachets en étamine (étoffe de filoselle), étranglés au milieu de leur longueur par une ligature, afin qu'on puisse les resserrer au besoin.

ÉLÉMENTS PRINCIPAUX DES PROJECTILES.	OBUS ORDINAIRES			OBUS A BALLES			BOITES A MITRAILLES		
	de 12c.	de 10c.	de 8c,4.	de 12c.	de 10c.	de 8c,4.	de 12c.	de 10c.	de 8c,4.
Longueur totale du projectile avec fusée (sans la vis porte-amorce pour les obus ordinaires)...... mm	244,8	210,0	210,0	248,0	213,0	176,0	220,5	214,5	
Longueur { du cône de raccordement.....	36,0	27,0	20,0	36,0	27,0	20,0			
{ de l'ogive, sans la fusée.....	66,0	60,0	60,0	54,0	48,0	35,0			
{ sur les bourrelets.....	123,0	108,0	$87 \mp 0,1$	123,0	108,0	$87 \mp 0,1$	117,0	103,5	
Diamètre { dans la rainure du milieu.....	120,0	105,0	$88,9 \mp 0,2$	120,0	105,0	$83,9 \mp 0,2$	117,0	103,5	
{ du noyau en fonte.....		101,4	$79,7 \mp 0,3$		101,4	$82 \mp 0,1$			
Diamètre des balles en zinc.....				16,2	16,2	16,2	25,8	25,8	24,5
Nombre des balles.....				170	170	105	126	84	64
Poids du projectile vide..... kil	13,450	7,150	5,120	8,000	5,650	2,150	1,250	1,150	
Poids de la charge d'éclatement..... gr	600	600	340	80	20	17			
Poids total des balles..... kil				4,250	2,650	2,790	9,100	5,450	
Poids total du projectile prêt à être tiré..... gr	14,175	7,850	5,550	13,250	9,230	5,610	11,400	8,250	5,650 en.
Poids par centimètre carré de section droite..... gr		87	100						
Charge { pour le tir de plein fouet..... kil	1,060	1,060	0,840	1,060	1,060	0,840	1,000	1,060	0,840
{ pour le tir plongeant des obus ordinaires.....	0,875	0,250							

IV. EFFETS DU TIR.

La *Revue d'artillerie* a déjà donné ([1]) les éléments balistiques du canon de 8ᶜ,4; le tableau suivant contient ceux du canon de 12ᶜ, du canon de 10ᶜ, et du canon de montagne de 8ᶜ.

CANONS ET CHARGES.	DISTANCES DE TIR.	TANGENTES des angles de projection.	TANGENTES des angles de chute.	ZONES DANGEREUSES pour un but haut de 1m,80.	DURÉES DU TRAJET.	VITESSES d'arrivée.	ÉCARTS probables ([1]) en direction.	en hauteur.	en portée.
	mèt.	»	»	mèt.	secondes	mèt.	mèt.	mèt.	mèt.
CANON DE 12ᶜ. Charge : 1ᵏ,060.	0	»	»	»	»	282	»	»	»
	500	0,0818	0,0334	54	1,84	262,7	0,10	0,20	5,75
	1000	0,0671	0,0741	24	3,81	244,6	0,30	0,60	8,00
	1500	0,1064	0,1234	15	5,94	227,3	0,55	1,35	10,70
	2000	0,1508	0,1846	10	8,25	210,9	0,90	2,60	13,80
	2500	0,2014	0,2616	7	10,78	195,2	1,40	4,65	17,60
	3000	0,2605	0,3624	5	13,57	180,2	2,10	8,25	22,00
	3500	0,3318	0,5011	4	16,72	165,8	»	»	»
	4000	0,4230	0,7199	2,5	20,40	152,4	»	»	»
CANON DE 10ᶜ. Charge : 1ᵏ,060.	0	»	»	»	»	398	»	»	»
	500	0,0200	0,0215	83	1,37	343,2	0,15	0,15	7,00
	1000	0,0432	0,0500	36	2,92	304,1	0,40	0,40	7,65
	1500	0,0703	0,0870	21	4,67	269,7	0,75	0,75	8,65
	2000	0,1018	0,1349	14	6,65	239,7	1,10	1,30	9,75
	2500	0,1388	0,1967	9	8,89	213,7	1,50	2,30	11,45
	3000	0,1825	0,2768	7	11,44	190,9	2,00	3,85	13,55
	3500	0,2350	0,3841	5	14,35	172,1	»	»	»
	4000	0,2998	0,5342	3	17,75	157,7	»	»	»
CANON DE 8ᶜ de montagne. Charge : 0ᵏ,300.	0	»	»	»	»	238	»	»	»
	500	0,0800	0,0523	35	2,24	209,6	0,45	0,80	10,15
	1000	0,1055	0,1212	15	4,80	184,1	1,00	2,10	12,15
	1500	0,1720	0,2149	9	7,74	161,3	1,75	4,55	15,80
	2000	0,2530	0,3551	5	11,19	141,5	»	»	»

([1]) On n'a qu'à multiplier ces nombres par 2 pour avoir l'étendue dans laquelle tombent 50 0/0 des coups, et par 8 pour avoir celle dans laquelle il en tombe au moins 99 0/0.

([1]) Octobre 1872, tome Iᵉʳ, page 82.

V. ORGANISATION.

L'artillerie suisse se divise en : *artillerie de campagne*, *artillerie de position*, *artillerie de parc*, *train de parc et de ligne*.

L'*artillerie de campagne* comprend le personnel attaché aux batteries rayées de $8^c,4$ et de 10^c et aux batteries de montagne. L'*artillerie de position* est formée par les compagnies de position chargées de la défense des ouvrages de fortification. Les *compagnies de parc* sont attachées aux parcs de division et de réserve. Le *train des parcs* conduit les voitures des parcs de division et des parcs de réserve ainsi que les trains de pontons. Le *train de ligne* attelle les voitures des ambulances, les caissons des bataillons d'infanterie, des compagnies de carabiniers et des troupes du génie.

En temps de guerre, on attache à chaque division de l'armée (forte d'environ 10 000 hommes) une brigade d'artillerie formée de 3 ou 4 batteries ; et un parc de division composé d'une compagnie de parc et d'une compagnie de train de parc. Sept brigades, de 2 ou de 4 batteries chacune, et 3 parcs de réserve constituent la réserve d'artillerie.

A la tête de l'artillerie se trouve l'*inspecteur de l'arme* qui relève directement du Conseil fédéral ou de son département militaire ; en cas de mobilisation il est de droit commandant en chef de l'artillerie. Il a sous ses ordres l'*instructeur en chef* (chef d'état-major de l'artillerie et du corps des instructeurs), et en outre l'*intendant du matériel* et le *contrôleur des poudres*. L'inspecteur, l'instructeur en chef et l'intendant du matériel, assistés de deux officiers supérieurs, composent le *comité de l'artillerie*, chargé d'étudier les questions nouvelles et les propositions.

Les *officiers instructeurs de 1re classe* commandent les écoles de recrues et dirigent les cours de répétition.

Les *officiers instructeurs de 2e classe* sont chargés de l'instruction des officiers, des sous-officiers et de la troupe. Les *sous-instructeurs*, du grade d'adjudant sous-officier, instruisent spécialement la troupe.

Le Conseil fédéral pourvoit à toutes les fonctions ci-dessus énumérées; ceux qui en sont revêtus sont rééligibles tous les trois ans.

Il y a en outre, à Thoune, un *directeur* (avec un adjoint) chargé du laboratoire et de l'atelier de confection des munitions d'infanterie, et un second officier dirigeant l'atelier de construction. Le matériel contenu dans les arsenaux de Rapperschwyl, Thoune, Lucerne, Morges et Frauenfeld, est commis à la garde d'un *intendant du matériel.*

Les troupes comprennent le personnel nécessaire pour :

41 batteries attelées   { 11 de 10^c;
                      { 30 de $8^c,4$;

4   —   de montagne   de 8^c;

12 compagnies et 3 ½ compagnies de position;

12 compagnies de parc;

14 compagnies du train des parcs.

La batterie de campagne de $8^c,4$ a 19 voitures, savoir:

6 pièces   attelées à 6 chevaux;

9 caissons   *Id.*   4   *Id;*

1 affût de rechange   *Idem;*

1 forge   *Idem;*

1 chariot de batterie   *Idem;*

1 fourgon pour bagages   *Idem;*

son effectif est de 165 hommes et 104 chevaux (20 de selle, 84 de trait.)

La batterie de campagne de 10^c a 16 voitures, savoir: 6 pièces et 6 caissons attelés à 6 chevaux, 1 affût de rechange, 1 forge, 1 chariot de batterie et 1 fourgon attelés à 4 chevaux. Son effectif est le même que celui de la batterie de 8^c.

La batterie de montagne est de 4 pièces; elle a 128 hommes et 55 chevaux (dont 10 de selle).

Le tableau suivant fait connaître l'approvisionnement en munitions des batteries de 10ᶜ.

MUNITIONS.	BATTERIE EN LIGNE.								PARC.		DÉPOT (réserve non mobilisée).		TOTAL.	
	Batterie de manœuvre.			Réserve de la batterie.			Total.							
	6 pièces.	6 caissons.	Total.	Affût de rechange.	Chariot de batterie.	Total.	Par batterie.	Par pièce.	3 caissons.	Par pièce.	Par batterie.	Par pièce.	Par batterie.	Par pièce.
Obus ordinaires............	120	360	480	20		20	500	83,3	180	30	760	126,7	1440	240
Obus à balles	48	144	192	8		8	200	33,3	72	12	448	74,7	720	120
Boîtes à mitraille	24	72	96	4		4	100	16,7	36	6	104	17,3	240	40
Charges de { 1060 grammes....	192	576	768	32		32	800	133,3	288	48	1312	218,7	2400	400
Charges de { 250 grammes....	24	72	96	4		4	100	16,7	36	6	164	27,3	300	50
Étoupilles...............	300	720	1020	60	200	260	1270	211,7	360	60	1870	228,3	3000	500
Vis porte-amorce, et goupilles de sûreté pour fusées percutantes	240	540	780	40	140	180	960	160	270	45	810	135	2040	340
Nombre total de coups.......	192	576	768	32		32	800	133,3	288	48	1812	218,7	2400	400

ARTILLERIE ITALIENNE ([1])

L'artillerie italienne traverse actuellement une période de transformation complète, tant pour les bouches à feu que pour le matériel : les nouveaux modèles, qui sont presqu'une reproduction du matériel prussien, semblent destinés à être bientôt remplacés par des engins plus parfaits. D'autre part, on comprend que l'armée piémontaise, en devenant l'armée italienne par l'absorption successive des armées des différents États de la Péninsule, n'a pu constituer son matériel qu'en maintenant provisoirement en service celui de ces mêmes États. Aussi cette artillerie présente-t-elle une variété de types qu'on ne rencontre chez aucune autre puissance, variété d'ailleurs plus apparente que réelle, pour les bouches à feu du moins ; les canons rayés se trouvaient en effet du même calibre que les canons réglementaires italiens ou ont pu y être ramenés, à l'exception du canon Cavalli, de 16ᶜ. Les bouches à feu lisses, au contraire, appartiennent aux types les plus divers ; mais elles sont appelées à disparaître dans un avenir très-rapproché.

L'artillerie italienne divise son matériel en deux grandes catégories : 1° matériel réglementaire ; 2° modèles divers. On va d'abord passer en revue le matériel antérieur à 1870, qui forme un système complet et compose encore seul l'armement réel : on décrira ultérieurement les nouveaux canons de campagne et de côte, se chargeant par la culasse ; ces pièces d'adoption récente ne figurent pas encore dans le service courant.

([1]) La plupart des renseignements suivants sont tirés du *Giornale d'artiglieria* et des excellentes publications du capitaine Ellena.

I. BOUCHES A FEU([1]).

Bouches à feu rayées, antérieures à 1870. — Bouches à feu lisses. —
Modèles divers. — Hausses.

Bouches à feu rayées antérieures à 1870. — Les premières
bouches à feu rayées ont été adoptées en Italie dès 1860 :
le système, successivement développé et complété, comprenait, en 1870, les pièces suivantes :

Canon de 8ᶜ B. R., de montagne,
Canon de 9ᶜ B. R., de campagne,
Canon de 12ᶜ B. R., de réserve et de siége,
Canon de 12ᶜ G. R., de place,
Canon de 16ᶜ G. R., de siége et de place,
Canon de 16ᶜ G. R. C., de côte,
Canon de 22ᶜ A. R., de côte,
Obusier de 22ᶜ B. R., de siége et de place,
Obusier de 22ᶜ G. R. C., de côte.

Toutes ces pièces se chargent par la bouche et se rapprochent plus ou moins du système français, modèle 1858.
Leurs formes générales, si l'on excepte le canon de 8ᶜ B.
R., dérivent presque toutes d'un type unique adopté en
1844, pour la construction de quelques obusiers en fonte.
Rendu réglementaire en 1850 pour toute l'artillerie en
fonte et enfin appliqué en 1863 aux bouches à feu en
bronze rayées, ce type se distingue par les particularités
suivantes : Le fond de l'âme est hémisphérique; le canal
de lumière normal, ou à peu près, aux parois de l'âme et
débouchant à peu de distance du centre de la partie sphérique; la culasse hémisphérique, légèrement excentrique

[1] Pour toutes les pièces, les calibres sont exprimés en nombre rond de centimètres. La désignation d'une pièce comporte toujours l'indication du métal, du mode
de construction et de la forme de l'âme : on emploie pour cela les abréviations suivantes: A. acier. — B. bronze. — G. (*ghisa*) fonte. — C. (*cerchiato*) fretté. — R.
rayé. — L. lisse ; cette dernière indication ne se met pas pour les mortiers.

par rapport au fond de l'âme; la bouche à feu formée d'un renfort et du tronc de cône de la volée et dépourvue d'anses. Ces formes sont un peu modifiées dans les bouches à feu frettées.

Les grains de lumière, de 7 numéros différents, appartiennent au système proposé, en 1845, par Ambrogio Mathis, chef d'atelier à la fonderie de Turin. Le grain s'introduit par l'âme de la pièce, et, une fois mis en place, est maintenu par une rivure faite à sa partie supérieure. Pour les bouches à feu dont la paroi est très-épaisse, le grain proprement dit, renforcé à sa base par une bague d'acier (pl. VIII, fig. 22), ne remplit que la moitié environ du logement : la partie supérieure est occupée par un tube introduit de l'extérieur et vissé dans la paroi. Cette construction a été appliquée aux grains des obusiers de 22ᵉ B. R. et G. R. C., ainsi qu'à celui du canon de 16ᵉ G. R. C. Tous les autres sont d'une seule pièce : le diamètre du canal est uniformément de $5^{mm},6$.

Rayures. — L'artillerie italienne avait d'abord adopté la rayure française. Les canons de 8ᵉ et de 9ᵉ B. R. appartiennent à ce système (pl. VIII, fig. 19). Dans d'autres bouches à feu, la rayure rétrécie, au lieu de se prolonger comme dans les pièces françaises, s'arrête immédiatement après le raccordement (fig. 20).

En outre, pour le canon de 9ᵉ, on a changé les proportions admises pour le projectile dans le système français; on l'a allégé, de manière à ramener son poids à 1,5 de celui du boulet rond, tandis que la charge était portée à 1/5 du poids de l'obus.

Dès 1865, des expériences entreprises sur des obusiers de 22ᵉ en bronze, munis de la rayure française, avaient permis de constater des dégradations rapides produites par des battements, tant sur les flancs que sur le fond des rayures : l'essai des canons de 16 G. R. et de 12 B. R. montra également que la plus petite différence de largeur entre la rayure rétrécie et l'ailette qui y est engagée, produit des irrégularités dans le tir et une prompte détérioration de la pièce. L'artillerie italienne adopta alors, pour les pièces de gros calibre, des modifications plus ou moins profondes de la rayure française; ainsi les canons de 12ᶜ ont reçu cette rayure, mais les ailettes du projectile présentent un gradin qui leur permet de prendre appui à la fois sur le flanc du tir et sur la cloison voisine. Ce système, qui emploie la rayure rétrécie pour placer le projectile dans la position convenable, peut être considéré comme intermédiaire entre le système français et celui des obusiers italiens (¹). (Pl. VIII, fig. 21.)

Pour les canons de 16ᶜ, bien qu'ils aient la rayure française, on fait depuis quelque temps usage de projectiles dont les ailettes, de forme convexe, ont une largeur plus grande que celle de la rayure et se comportent par le fait comme celles des obusiers. Cette modification, qui change complétement le mode d'action des rayures sur les ailettes, n'a pas été appliquée aux obus de 12ᶜ, parce que les mêmes munitions doivent servir pour les canons en bronze et pour ceux en fonte de ce calibre. Dans les canons en bronze, les angles vifs des flancs seraient très-rapidement arrachés, à cause du peu de dureté du métal et de la grandeur de la charge employée. Cette usure ne se produit pas d'une manière sensible dans l'obusier de 22ᶜ B. R., qui emploie une charge relativement faible.

Le sens des rayures n'est pas le même pour toutes les pièces, mais, dans tous les cas, la rayure dont l'origine est opposée au débouché de la lumière, prend le n° 1, et le numérotage, inscrit sur la tranche de la bouche, suit le sens des rayures.

Canons de 8ᶜ B. R. (Pl. VIII, fig. 1 et 2.) — Destiné à la guerre de montagne, le canon de 8ᶜ peut se transporter à

(¹) Voir *Revue d'artillerie*, tome I, janvier 1873. — *Obusiers et mortiers rayés.*

dos de mulet. Il n'appartient pas au type général de l'artillerie italienne ; le bouton de culasse est muni, en dessous, d'une bride mobile en cuivre destinée à recevoir le levier lorsqu'on monte le canon sur le bât ou qu'on l'en descend ; le fond de l'âme est plan et raccordé avec la paroi cylindrique par un arrondi d'assez grand rayon. Les rayures tournent de gauche à droite, et la rayure n° 1 n'a pas de prolongement rétréci.

Le canon porte deux guidons en acier, l'un à la bouche, l'autre sur l'embase droite : le canal unique de la hausse débouche à la partie supérieure de la plate-bande de culasse qu'il traverse dans une direction oblique au plan de tir. Un ressort en bronze et une vis de pression fixée au cul-de-lampe servent à maintenir la hausse dans son canal à la position voulue.

Le canon de 8ᶜ tire un obus et une boîte à mitraille.

Canon de 9ᶜ B. R. (Pl. VIII, fig. 3 et 4.) — Cette bouche à feu constitue l'élément principal de l'artillerie de campagne. Le bouton de culasse est muni de deux anneaux en bronze destinés à recevoir la tête de la vis de pointage : l'axe de la lumière passe par le centre du fond de l'âme ; celui des tourillons est très-peu au-dessous de celui de la pièce.

Les rayures tournent de droite à gauche ; la rayure n° 1 est pourvue d'un prolongement rétréci.

Il n'y a pour la hausse qu'un seul canal, incliné sur le plan de tir et muni d'un ressort avec vis de pression ; la disposition de la hausse permet d'utiliser à volonté les deux lignes de mire déterminées par le guidon d'acier de volée et par celui de l'embase gauche.

Le canon de 9ᶜ tire un obus et une boîte à mitraille.

Canon de 12ᶜ B. R. —- Principalement employé pour les équipages de siége, le canon de 12ᶜ B. R. sert aussi à armer les batteries de campagne de réserve.

Le bouton de culasse n'a pas d'anneaux, et la culasse présente, pour la hausse, deux canaux parallèles entre eux, inclinés sur le plan de tir et correspondant aux deux lignes de mire.

Une surface plane, parallèle aux axes des tourillons et de la pièce, pratiquée sur le renfort entre la plate-bande et l'écusson, permet l'emploi du quart de cercle.

Les rayures vont de gauche à droite; la rayure n° 1 a un prolongement rétréci.

Le canon de 12ᶜ tire un obus et une boîte à mitraille.

Canon de 12ᶜ G. R. — Le canon de 12ᶜ G. R. est affecté spécialement à la défense des places : il est employé par exception dans les équipages de siège, et tire les mêmes projectiles que le canon de 12ᶜ B. R.

Les rayures tournent de gauche à droite; la distance de leur origine au fond de l'âme est calculée de manière que la chambre puisse contenir la charge exceptionnelle de 2 kilogrammes, et la rayure rétrécie n'a pas de prolongement.

La pièce porte deux guidons en acier : l'un à la volée, l'autre sur le côté droit; elle ne présente, pour la hausse, qu'un seul canal contenu dans le plan de tir. La vis de pression, destinée à fixer la hausse, ne fait pas partie intégrante de la pièce, comme dans les bouches à feu précédentes.

Canon de 16ᶜ G. R. — Entièrement semblable au type précédent; toutefois, les rayures tournent de droite à gauche et la rayure rétrécie est prolongée, sauf pour quelques pièces marquées pour cela des initiales S. P. (*sans prolongement*) gravées sur la culasse.

Le canon de 16ᶜ G. R. est employé à l'attaque et à la défense des places : il tire un obus et deux boîtes à mitrailles, dites à *grosse* et à *petite mitraille*.

Canon de 16ᶜ G. R. C. (Pl. VIII, fig. 5.) — Le renfort est cylindrique et muni de 8 frettes en acier, dont la première, tangente aux tourillons, prend appui sur un ressaut ménagé dans le métal de la pièce. La rayure est la même, sauf pour l'inclinaison, que celle du canon de 16ᶜ G. R.

Le canon n'a qu'un guidon, placé sur le côté gauche : une bride de hausse en bronze est fixée, au moyen de trois vis, sur la face plane de la dernière frette et sur la culasse.

Le canon de 16ᶜ G. R. C. est destiné à la défense des côtes contre les navires cuirassés. Aussi, outre l'obus de 16ᶜ, lui fait-on tirer un boulet oblong, massif, en acier, du même calibre ; mais les effets de cette pièce sont aujourd'hui insuffisants, et on ne doit plus à l'avenir construire de canon de 16ᶜ G. R. C.

On peut, au moyen de quelques modifications, placer le canon de 16ᶜ G. R. C. sur l'affût d'obusier de 22ᶜ G. R. C. (¹). On raccourcit, dans ce but, les tourillons, de manière qu'ils puissent se loger entre les renforts qui ferment extérieurement l'encastrement, et on les enveloppe de manchons excentriques en bronze qui sont fixés par deux vis (pl. VIII, fig. 6), et dont l'axe passe par le centre de gravité de la pièce. Autour de la culasse se place un lien en fer qui se relie à charnière, au moyen d'une chevillette, avec l'appareil de pointage.

Canon de 22ᶜ A. R. (Pl. VIII, fig. 7.) — Les rayures du canon de 22ᶜ A. R. appartiennent au système de rayures de la grosse artillerie italienne ; elles tournent de droite à gauche.

Les tourillons, de dimensions assez petites, sont revêtus de manchons en bronze, placés à chaud et fixés par des vis ; l'axe de ces manchons passe par le centre de gravité de la pièce. De chaque côté de la culasse, à hauteur de l'axe de la pièce, sont fixés des tenons destinés à la relier aux crémaillères de l'affût. Le grain de lumière est en deux pièces, comme au canon de 16ᶜ G. R. C. ; la

---

(¹) Voir *Revue d'artillerie*, tome Iᵉʳ, janvier 1873. — *Obusiers et mortiers rayés.*

bride de hausse est aussi la même : la pièce n'a qu'une seule ligne de mire latérale; le guidon en acier est fixé par des vis sur le corps du canon, un peu au-dessus du tourillon gauche. Enfin, sur la tranche de la bouche, à la hauteur de l'axe, sont vissés deux crochets destinés à donner appui au porte-projectile, comme pour les obusiers de 22ᶜ.

Ces canons sont uniquement destinés à la défense des côtes contre les navires cuirassés ; ils tirent un boulet massif, mais la charge maxima n'est pas déterminée. Ce type paraît d'ailleurs aujourd'hui abandonné, tant à cause de ses effets insuffisants qu'en raison de la difficulté qu'éprouve l'Italie à se procurer des aciers convenables pour sa fabrication.

Les canons de ce modèle mis en service n'étaient qu'au nombre de neuf en 1870; ils provenaient de l'usine Krupp.

L'Italie possédait également quelques pièces de provenance française; mais bien que la culasse en fût frettée, leur résistance fut jugée insuffisante, et ces pièces ne furent pas maintenues en service.

Obusiers de 22ᶜ B. R. et G. R. C. — L'artillerie italienne emploie deux obusiers de 22ᶜ rayés : le premier, en bronze, est destiné à l'attaque et à la défense des places; il tire un obus léger et une boîte à mitraille ; le second, en fonte et fretté, est affecté à la défense des côtes; il tire uniquement un obus lourd. Ces deux bouches à feu et leurs affûts ont été déjà décrits dans une précédente livraison (¹).

Le tableau suivant fait connaître les principales données relatives aux canons et obusiers réglementaires se chargeant par la bouche :

(¹) Voir tome Iᵉʳ, janvier 1873. — *Obusiers et mortiers rayés.*

		CANONS							OBUSIERS	
		de 8e B. R.	de 9c B. R.	de 12c B. R.	de 12c G. R.	de 16c G. R.	de 16c G. R. O.	de 22c A. R.	de 22c B. R.	de 22c G. R. O.
Calibre	mm	86,5	96	121,2	121,2	165	165	223,3	223,8	223,9
Longueur de la partie rayée		818	1302	1760	2214,6	2407	2448	4000 (³)	1790	2152
Distance du fond de l'âme à l'origine des rayures		27	136	171	982	310	540	?	200	200
Largeur mesurée à la surface de l'âme		25	28	85	35	44	44	?	50,5	50,5
Profondeur		2,8	3,6	8,8	3,8	3,5	8,5	?	6,9	6,9
Angle du flanc de tir avec le rayon	deg	69°	70°	71°	71°	79°	79°	»	»	»
Angle des flancs entre eux		86°	90°	89°	89°	98°	98°	»	»	»
Rayures — Pas et sens (1)	mm	2200 G	2750 D	3250 G	3250 G	4500 D	7000 D	10000 D	5000 D	5000 D
Longueur de la partie rétrécie		16,8	78	97	103	180	100	»	»	»
Largeur minima du rétrécissement		»	21	24,8	24,8	86,2	86,2	»	»	»
Prolongement rétréci		»	86	94	119	180	100	350	350	450
Diamètre des tourillons		68	94	4	59,5	180	180	0	0	0
Distance de l'axe à celui de la pièce		20	4	1180	1618	86	90	2819	1709	1672
des tourillons à la tranche de la bouche		528	859	260	324	1746	1810	766	603	798
Écartement des embases		175	260	143	185	534	600	?	»	»
Ligne de mire — Haut. du guidon au-dessus de l'axe de l'âme	deg.	82	118	1975	2581	239	»	»	»	»
Longueur de la ligne de mire	mm	910	1466	0°30'	1°0'	2805	»	»	160	100
Angle de mire naturel		0°24'	0°30'	75	103	1°24'	187	187	341	474
Ligne de mire latérale — Haut. du guidon au-dessus de l'axe de l'âme	mm	82	65	123	145	82,5	240	?	942	942
Distance du guidon au plan de tir	deg.	82	105	765	1201	280	1312,5	?	»	»
Longueur de la ligne de mire	mm	408	640	1°18'	6°0'	1278	0°0'	0°0'	0°0'	0°0'
Angle de mire naturel	%	7°46'	5°48'	8,5 0/0		1°0'	»	»	2421	2705
Inclinaison du canal de la hausse		8 0/0	12 0/0	2165	2807	3150	3405	8800	2620	4545
Longueur totale de la pièce	kil	1060	1680	730	1364	3076	4463	?		
Poids moyen		100	390	82	150	290	237			
Pression sur la vis de pointage, la pièce horizontale		12	43							
Poids de la charge maxima		0,800	0,900	1,800	2,00 a / 1,50 b	3,200	8,00 c / 6,00 d	»	3,500	6,000

(1) Les initiales D et G indiquent que la rayure tourne de droite à gauche ou de gauche à droite. — (³) Longueur de l'âme.
a. Charge exceptionnelle pour le tir de plein fouet. — b. Charge de guerre. — c. Charge pour le tir du boulet massif. — d. Charge pour le tir de l'obus.

Bouches à feu lisses. — Le système d'artillerie réglementaire est complété par un certain nombre de bouches à feu lisses, comprenant :

Les obusiers de 22^c G. L. et de 15^c G. L. ;
Les mortiers de 22^c G. et de 15^c B. ;
Le perrier de 5^c B. L.

A l'exception du mortier de 15^c B., qui entre dans la composition des équipages de siége, toutes ces bouches à feu sont exclusivement affectées à la défense des places.

Les obusiers ont les mêmes formes extérieures que les canons de 12^c et de 16^c G. R. Une plate-bande remplace le bourlet en tulipe.

L'obusier de 22^c présente une chambre cylindrique avec raccordement tronconique : les deux obusiers lancent des obus et des boîtes à mitraille.

Le mortier de 22^c a ses tourillons placés à l'extrémité de la culasse (pl. VIII, fig. 8) ; ils sont percés, vers leur tranche, des trous nécessaires pour le passage des esses qui servent à maintenir les anneaux-élingues au moyen desquels on relie le mortier à son affût. Il tire l'obus de 22^c et, accidentellement, la bombe de ce calibre ou un paquet de mitraille.

Le mortier de 15^c est semblable au mortier français de ce calibre. Il tire l'obus de 15^c ou un paquet de mitraille.

Le perrier est destiné à la défense des fossés ; il ne tire qu'une boîte à mitraille chargée de balles en plomb. La bouche à feu est prolongée par une poignée venue de fonte et munie d'une platine à percussion : l'axe des tourillons rencontre celui de l'âme ; il y a une légère prépondérance à la culasse ; enfin sur le renfort se trouve une hausse mobile analogue à celle des armes portatives. Le perrier se tire sur une fourche en fer portée par un chandelier. (Pl. VIII, fig. 9.)

Le tableau suivant fait connaître les principales données relatives à l'artillerie lisse réglementaire :

	OBUSIERS		MORTIERS		PERRIER
	de 15ᶜ G. L.	de 22ᶜ G. L.	de 15ᶜ B.	de 22ᶜ G.	de 5ᶜ B. L.
Calibre..............................mm	151,3	223	151,8	223	53
Longueur d'âme, raccordement compris ...	1723,6	2230	240(¹)	335	560
Chambre. { Diamètre...................	»	152	151,8 98	114	28
{ Longueur...................	»	258	62	138	75
Diamètre des tourillons.................	119	180	90	140	30
Distance de l'axe des tour. à celui de l'âme.	59,5	78	»	»	»
Écartement des embases	995	1544	269	601	442
Longueur de la ligne de mire.............	1794,5	2584,5	»	»	595
Angle de mire naturel..................deg.	1°	1°	»	»	0°30′
Longueur totale de la bouche à feu........mm	2004	2898	424	671	942
Poids moyen...........................kil	800	2770	70	490	19,5
Prépondérance, à 1ᵐ de l'axe des tourillons.	77	276	»	»	»
Pression sur la vis de pointage, la pièce horiz.	112	217	»	»	»
Poids de la charge maxima	0,800	3,500	0,325	1,200	0,043

(¹) La longueur est celle de la portion cylindrique de l'âme.

MODÈLES DIVERS.

L'artillerie de modèles divers, maintenue en service, comprend un grand nombre de bouches à feu, presque toutes lisses ; elles se classent, d'après leur provenance, en artillerie *piémontaise, napolitaine, française, autrichienne* et *pontificale.*

Les seuls canons rayés de cette catégorie sont les canons piémontais de 16ᶜ G. R. (*à 2 rayures*), système Cavalli, de 12ᶜ B. R., lourd et léger, ainsi que les canons de l'artillerie pontificale de 12ᶜ B. R., lourd et léger, et de 8ᶜ B. R., de campagne et de montagne.

Les canons de 12ᶜ piémontais ont à peu près les formes extérieures des canons français de ce calibre : ils ont la rayure des canons italiens et tirent les mêmes munitions. Le canon de 16ᶜ G. R. (pl. VIII, fig, 10), de forme semblable à celle du canon de 16ᶜ réglementaire, a deux rayures du système Cavalli, tournant de gauche à droite : leur fond est concentrique à l'âme et les flancs sont formés par des quarts de cercle tangents au fond de la rayure.

Les principales données relatives à ces bouches à feu sont les suivantes :

	CANONS PIÉMONTAIS		
	de 12ᶜ B. R. léger.	de 12ᶜ B. R. lourd.	de 16ᶜ G. R. à 2 rayures.
Calibre .... ᵐᵐ	121,2	121,2	165,0
Longueur d'âme	2023	2800	2717
Pas des rayures	3250	3250	3850
Poids de la pièce ..... ᵏⁱˡ	735	1575	3100

Les bouches à feu de l'artillerie pontificale, à l'exception des canons de 8ᶜ, sont presque toutes de fabrication française et de modèles analogues aux modèles français.

L'artillerie lisse comprend les types les plus divers correspondant aux calibres suivants :

Canons de 9ᶜ B. L.;

Canons de 18ᶜ, 17ᶜ, 15ᶜ, 13ᶜ, 12ᶜ et 9ᶜ G. L.;

Obusiers de 27ᶜ, 24ᶜ, 22ᶜ, 21ᶜ, 20ᶜ et 15ᶜ G. L.;

Mortiers de 32ᶜ, 31ᶜ, 27ᶜ, 24ᶜ, 22ᶜ et 15ᶜ B.;

Mortiers de 27ᶜ, 22ᶜ et 15ᶜ G.;

Pierriers de 40ᶜ B. et G.

Les obusiers de 15ᶜ et 22ᶜ ont sensiblement les mêmes calibres que les modèles réglementaires, et sont employés dans le service concurremment avec ceux-ci.

Les pierriers peuvent lancer 70 grenades à main ou environ 74 kil. de cailloux.

Mitrailleuses. — L'Italie a, jusqu'ici, fait expérimenter divers systèmes de mitrailleuses ; aucun d'eux n'a été adopté.

Marine. — Les vaisseaux cuirassés de la marine royale sont armés en grande partie de canons en fer forgé des systèmes anglais, soit à rayures *Shunt*, soit à rayures paraboliques de *Woolwich*.

Hausses. — Si l'on excepte la *hausse-quadrant* des obusiers, qui est en fer à T et se place dans une position fixe sur la pièce, toutes les hausses de l'artillerie rayée italienne sont en laiton et mobiles dans le canal destiné à les recevoir : elles sont graduées en millimètres.

Pour le transport, les hausses sont toujours placées dans des boîtes en bois : avec la hausse-quadrant, la boîte renferme encore ses deux vis, le guidon mobile et sa vis.

La hausse du canon de 8ᵉ B. R. (pl. VIII, fig. 11), dont l'inclinaison est de 8/100, est d'une seule pièce et porte deux crans de mire correspondant aux deux lignes de mire de la pièce.

Pour le canon de 9ᵉ B. R., au contraire, le cran correspondant à la ligne de mire latérale est porté par un bras qui s'adapte sur la tête de la hausse au moyen d'une vis de pression (pl. VIII, fig. 12, 13).

La hausse, dont l'inclinaison est de 12/100, une fois mise en place, reçoit à son extrémité une vis d'arrêt qui la fixe dans sa position ; le bras seul se transporte dans une boîte en bois.

La hausse du canon de 12ᵉ B. R., dont l'inclinaison est de 8,5/100, est pourvue d'un curseur (pl. VIII, fig. 14) et porte une réglette mobile ; celle-ci est maintenue, en dessous, par un coin, et latéralement par deux vis d'arrêt à ses extrémités : on la place dans l'un ou l'autre des canaux pratiqués dans la culasse, suivant la ligne de mire dont on veut se servir.

Dans les canons de 12ᵉ G. R. et de 16ᵉ G. R., les hausses sont droites et munies d'une longue réglette fendue qui porte deux crans de mire écartés entre eux de la distance du guidon au plan de tir. La réglette se fixe par une vis qui fait corps avec la tige de la hausse (pl. VIII, fig. 15) ; une autre vis sert à fixer la hausse dans son canal.

La même hausse sert pour les canons de 16ᵉ G. R. C. et de 22ᵉ A. R. (pl. VIII, fig. 16). Elle est munie d'un curseur et d'une réglette conduite par un pignon et limitée dans son mouvement par des vis d'arrêt placées à ses extrémités.

Enfin les canons de 12ᶜ B. R. piémontais emploient la hausse des canons de 12ᵉ G. R., et les canons de 16ᵉ R. G., à deux rayures, ont une hausse analogue à celle des canons réglementaires de ce calibre.

Quant aux canons et obusiers lisses, réglementaires ou de modèles divers, ils sont généralement pourvus de hausses fixes, comme les anciens canons de campagne; quand cette hausse n'existe pas, on se sert d'une hausse en bois analogue à la vieille hausse de siége française.

Quarts de cercle. — Pour le pointage des mortiers et pour celui des obusiers et canons sous les grands angles, on se sert de quarts de cercle : il y en a de deux modèles, le quart de cercle de batterie, et le quart de cercle à niveau et à pendule.

Le premier (pl. VIII, fig. 17) est formé d'une planchette recouverte d'une feuille de laiton : celle-ci porte la graduation et derrière elle se meut un pendule en fer, muni d'un indicateur apparent le long du limbe. Il est gradué en degrés de 0° à 90°.

Le quart de cercle à niveau (pl. VIII, fig. 18) n'est gradué que jusqu'à 65°. Il se compose d'une plaque en laiton bordée d'un cadre sur les côtés de l'angle droit, d'un niveau et d'un pendule en acier. La plaque porte la graduation circulaire en degrés, et présente, au-dessous de celle-ci, une fente concentrique dans laquelle glisse le guide du niveau. Ce guide fait saillie derrière la plaque et sert à fixer contre elle, au moyen d'une vis de pression, le niveau à la position voulue. La monture du niveau est munie d'un vernier qui permet d'apprécier les dixièmes de degré.

Le pendule oscille librement autour d'un axe parallèle à la plaque, le long d'une graduation en millimètres tracée sur le cadre de l'instrument : il est au zéro quand le quart de cercle repose sur un plan horizontal.

En principe, les officiers seuls doivent se servir du quart de cercle à niveau.

II. AFFUTS ET VOITURES.

Affûts et voitures réglementaires. — Affûts et voitures de modèles divers.

Éléments communs. — *Roues.* — Les roues en service forment une série numérotée de 1 à 13 ; elles sont toutes du modèle ordinaire, sauf la roue n° 10, destinée aux affûts de place. La nouvelle roue à moyeu métallique, adoptée pour l'affût en tôle d'obusier de 22^c B. R., n'est pas classée dans la série. Le diamètre des roues varie de 0^m,83 à 2^m,30 et leur poids de 23 kil. à 251 kil.

Toutes les voitures de campagne, excepté le chariot de batterie, emploient, pour l'avant et l'arrière-train, la même roue n° 4. Le chariot de batterie a une roue spéciale pour chaque train.

Il y a en outre trois roulettes en bois et trois roulettes en fonte, ces dernières destinées exclusivement aux affûts de casemate et aux châssis de place.

Essieux. — La série des essieux comprend six essieux en fer : en dehors de cette série se trouvent l'essieu en bois d'affût de montagne, l'essieu d'affût d'obusier de 22^c B. R., et enfin les demi-essieux d'affût de campagne. Il y a cinq esses, cinq rondelles de bout et cinq rondelles d'épaulement d'essieu.

Le même essieu n° 5 sert pour toutes les voitures de campagne, à l'exception des affûts.

Timons. — On compte trois timons, tous analogues au timon de siége français. Le n° 1 est employé pour les voitures de siége et le triqueballe à treuil, le n° 2 pour le chariot porte-corps à roulettes, et le n° 3 pour les voitures de campagne et de l'équipage de ponts, pour les chariots de parc et de transport, et pour les avant-trains de place. Ils pèsent respectivement 36, 15 et 30 kil.

Palonniers. — Toutes les voitures sont munies de palonniers : il n'y en a qu'un seul modèle, du poids de 5 kil. environ.

Matériel de montagne. — L'affût, la forge et les caisses sont entièrement semblables aux modèles français : l'affût est disposé de même pour être porté à dos de mulet ou traîné avec une limonière.

Suivant leur compartimentage, les caisses servent au transport des munitions de 8ᵉ, des munitions d'infanterie ou des objets divers.

La caisse à munitions de 8ᵉ est partagée en 10 cases, dont 9 à obus et 1 pour boîte à mitraille : au-dessus des projectiles se loge une boîte renfermant les sachets. Lorsqu'elle sert à transporter les munitions d'infanterie, la caisse reçoit 110 paquets de cartouches pour armes se chargeant par la culasse, soit 880 cartouches.

Traîneau. — Dans les chemins de montagne non carrossables, on se sert de traîneaux (pl. IX, fig. 1) pour le transport des bouches à feu séparées de leurs affûts. Des anneaux fixés sur les flasques servent à recevoir les cordes avec lesquelles on traîne la voiture et, quand le chemin le permet, on y adapte un essieu en bois avec roulettes ; pour ne pas gêner dans les passages étroits, cet essieu est mobile et ne se fixe qu'au moyen de clous ; il est renforcé en dessous par un fort équignon en fer.

Matériel de campagne. — *Avant-train de campagne, modèle 1863.* — L'avant-train est commun à l'affût de campagne, aux caissons de 9ᵉ, de 12ᵉ et d'infanterie, ainsi qu'à la forge ; le compartimentage seul du coffre diffère suivant la destination de l'avant-train.

La construction générale de celui-ci est celle des avant-trains français ; il se distingue par la disposition des arrêtoirs de coffre et surtout par celle de la cheville ouvrière. Comme les timons n'ont pas de branches de support, on obtient une sorte de contre-appui de l'arrière-train en reportant la cheville ouvrière fortement en arrière et l'implantant à l'extrémité de la fourchette contre laquelle peut alors s'appuyer le bout de la flèche de l'arrière-train. Le timon est fixé par une cheville à la romaine qui traverse horizontalement la fourchette et est maintenue en place par une clavette.

Le coffre d'avant-train, aménagé pour munitions de 9ᶜ, est partagé en deux demi-coffres par une séparation principale et en 60 cases par des séparations secondaires : le chargement comprend 50 obus et 10 boîtes à mitraille ; les sachets sont placés au-dessus des projectiles dans de petites caisses à poudre sans couvercle. Quand le coffre doit recevoir des munitions de 12ᶜ, les séparations secondaires forment seulement 24 cases, dont 22 pour obus et 2 pour boîte à mitraille. Les sachets sont placés par-dessus dans des caisses à poudre, sans couvercle. Pour le transport des cartouches d'infanterie, la séparation principale seule subsiste ; le coffre renferme 875 paquets de cartouches, soit 7 000 cartouches pour armes se chargeant par la culasse.

Affût de campagne, modèle 1844. — L'affût de campagne, commun aux canons de 9ᶜ et 12ᶜ B. R., est, comme construction, intermédiaire entre les affûts Gribeauval et les affûts plus modernes, dits de modèle anglais. Il se compose de deux demi-flèches (pl. IX, fig. 2) surélevées vers la tête au moyen de flasques rapportés et embrevés sur elles ; du côté de la crosse, elles se rapprochent et sont réunies par un bout de crosse-lunette. Les demi-flèches sont assemblées avec un fort corps d'essieu, cylindrique, en bois, présentant à sa partie postérieure un pan coupé dans lequel est encastré l'essieu: celui-ci est formé de deux demi-essieux (pl. IX, fig. 3) réunis par une plaque d'assemblage, et fixé, au centre par un boulon, à chaque bout par un étrier. Cette disposition a pour objet de permettre de changer un essieu sans démonter entièrement l'affût.

L'appareil de pointage comprend une vis à tête plate percée d'un trou, un écrou à manivelle en bronze et un porte-écrou aussi en bronze et muni de tourillons. Une chevillette sert à réunir la vis au bouton de culasse. Quand l'affût doit recevoir les canons de 12ᶜ dont la culasse dépasse beaucoup la position de la vis de pointage, on adapte à l'affût une semelle en fer (pl. IX, fig. 4), dont une extrémité, réunie à la tête de la vis, supporte la culasse, tandis que l'autre se relie à une bride qui embrasse le corps d'essieu et est fixée par le boulon d'essieu.

Enfin, sur le côté droit de l'affût, un coffret en tôle sert à loger les menus objets nécessaires au service de la pièce.

L'affût, outre les canons de 9^c et de 12^c B. R. réglementaires, peut recevoir le canon de 12^c B. R. léger, et l'obusier de 15^c G. L.

Caissons — Le caisson modèle 1844, pour munitions de 9^c et le caisson modèle 1850, pour munitions de 12^c, ont la disposition générale des caissons français ; toutefois, l'essieu porte-roue est monté sur un axe qui traverse deux coussinets fixés sur les brancards ; entre ceux-ci et la flèche se trouvent deux coffrets ouvrant par devant et fermés en dessus par un couvercle en tôle (pl. IX, fig. 5) ; de plus, dans le caisson de 12^c, la flèche est armée, comme l'affût, de deux poignées vers la lunette.

On doit remarquer la disposition donnée à la lunette au-dessus du bout de la flèche, afin que la tranche de celle-ci forme appui contre celle de la fourchette de l'avant-train, comme on l'a dit plus haut.

Le coffre d'arrière-train pour munitions de 9^c est plus petit que celui d'avant-train : il est partagé en 40 cases seulement, dont 32 pour obus et 8 pour boîte à mitraille ; des caisses à poudre renferment les sachets. Pour les munitions de 12^c, le coffre d'arrière-train contient le même nombre de coups que le coffre d'avant-train. Bien qu'il n'existe pas d'autre coffre pour les munitions de 12^c, le caisson et le coffre correspondant, modèle 1850, doivent être considérés comme d'un modèle abandonné.

Le transport des munitions d'infanterie s'effectue au moyen du caisson modèle 1844, qui, dans ce cas, reçoit à l'arrière-train le même coffre qu'à l'avant-train. Le caisson porte alors 21 000 cartouches.

On peut aussi employer le caisson de 12^c avec coffres modèle 1850 ; ceux-ci reçoivent alors 945 paquets de cartouches, et la voiture porte 22120 cartouches, avant-train compris.

Forge de campagne. — Le soufflet est placé entre les deux trains, la tuyère tournée vers le derrière de la voiture. Là se trouve le foyer : cette disposition, qui permet aux ouvriers de l'aborder facilement, semble préférable à la disposition inverse adoptée pour le matériel français. Deux longs coffres placés à droite et à gauche du soufflet, servent à recevoir les divers approvisionnements et outils.

Chariot de batterie. — La disposition générale de la voiture rappelle celle du chariot de parc français. L'avant-train (pl. IX, fig. 6) a des roues basses, et la cheville ouvrière est placée au centre d'une bande de frottement portée par une sassoire

L'arrière-train (pl. IX, fig. 7), fermé à chaque bout par un hayon mobile, est réuni à l'avant-train par une échantignolle assez élevée ; un coffre inférieur relie d'autre part les brancards à l'essieu. Enfin, à l'arrière de la voiture se trouve un treuil avec cordage, comme aux voitures fourragères. Une roue de rechange peut se placer en avant, contre le hayon, le moyeu engagé dans une entaille circulaire pratiquée sur celui-ci, et la jante maintenue par deux coussinets fixés sur l'entretoise. Cette voiture, dont la construction paraît bien entendue au point de vue de son service spécial, est destinée au transport des rechanges, du fourrage, des harnais et autres objets appartenant à la batterie. Elle peut porter 180 rations de fourrage et d'avoine, celle-ci étant placée en sacs dans le coffre inférieur.

Dans les batteries, le chariot est muni d'un coffre renfermant les outils des ouvriers.

Matériel de siége. — *Avant-train de siége.* — L'avant-train, dit de siége et place, est analogue à l'avant-train de l'ancien chariot à canon de l'artillerie française : le timon est renforcé en dessous par un tirant en fer formé de trois tiges articulées entre elles par leurs extrémités; la chaîne ainsi formée est fixée d'un côté au bout de timon et de l'autre au corps d'essieu. Le timon porte en outre une volée de bout de timon avec palonniers. (Pl. IX, fig. 10.)

Affûts de siége et place pour canons de 12ᶜ G. R. et de 16ᶜ G. R. — La disposition de ces affûts est celle des affûts Gribeauval : seulement la tête des flasques est surélevée au moyen de grands tasseaux embrevés sur eux (pl. IX, fig. 8); les flasques sont assemblés au moyen d'un corps d'essieu et de trois entretoises, dont deux de tête et une de crosse. L'appareil de pointage comprend une semelle comme dans l'affût de campagne, et dans l'affût pour canon de 16ᶜ, le porte-écrou de la vis de pointage peut prendre deux positions de hauteur différente, suivant l'angle de tir. Dans ces affûts, la position de route est distincte de la position de tir.

L'affût de 12ᶜ peut recevoir les canons de 12ᶜ G. R., de 12ᶜ et de 9ᶜ B. R. et l'obusier de 15ᶜ G. L., moyennant l'emploi de manchons de tourillons, lorsque cela est nécessaire pour racheter la différence d'écartement des embases (¹).

L'affût de 16ᶜ peut aussi recevoir l'obusier de 22ᶜ G. L.

Affût de siége et place en tôle de fer pour obusier de 22ᶜ B. R. — Cet affût a déjà été décrit en détail dans la *Revue d'artillerie*, 4ᵉ livraison, janvier 1873.

Voitures de siége. — Les voitures employées dans les équipages de siége sont : le *chariot de parc*, le *chariot de parc couvert* et le *chariot porte-corps.* Ces voitures ressemblent entièrement aux voitures françaises de même nom; seulement le chariot de parc est beaucoup plus élevé au-dessus des essieux, et le chariot de parc couvert est muni d'un couvercle qui lui donne tout à fait l'apparence

_____

(¹) Cet affût doit être remplacé par un affût en tôle de fer, actuellement à l'étude et semblable à l'affût pour obusier de 22ᶜ B. R. Seulement ses flasques sont bordés, au lieu de cornières, d'un simple pli à angle droit de la tôle qui les forme. Le poids de l'affût est un peu moindre que celui de l'affût en bois.

du caisson du train des équipages militaires. Le chariot porte-corps, suivant sa destination, reçoit des coussinets porte-culasse et porte-volée, ou un cadre de transport.

Matériel de place. — *Affûts de place pour canon de 12ᶜ G. R. et de 16ᶜ G. R.* — Ces affûts ne diffèrent des affûts de place français qu'en ce que le tirant unique y est remplacé par deux tirants appliqués contre le côté interne des montants et arcs-boutants, de manière à former, de chaque côté de l'affût, un triangle complet. Des étriers en fer assurent l'assemblage de la tête du montant et de l'arc-boutant.

L'écrou de vis de pointage est porté par un coussinet mobile (Pl. IX, fig. 9a) dont les rainures s'engagent dans les saillies correspondantes des faces internes des tirants.

Pour le tir à barbette, l'affût se place sur un grand châssis dont l'entretoise de devant est portée par deux petites roulettes et l'entretoise de derrière par deux grandes. L'extrémité de la directrice reçoit un pointal qui s'arrête à quelques centimètres de terre. Le petit châssis est pourvu de deux longues semelles latérales sur lesquelles reposent les roulettes antérieures.

L'affût de 12ᶜ peut recevoir l'obusier de 15ᶜ G. L., et l'affût de 16ᶜ l'obusier de 22ᶜ G. L.

Le transport de ces affûts, avec les avant-trains de siège ou de place, se fait au moyen d'une fausse flèche.

Ils se transforment en affûts de casemate par l'adjonction de roulettes en fonte et l'emploi d'un lisoir directeur semblable à celui du modèle français.

Affût de place pour canon de 16ᶜ G. R. C. — Cet affût présente la disposition générale des affûts de place Gribeauval : il est porté par quatre roulettes qui s'appuient sur les grands côtés du châssis, les deux premières sous la tête des flasques, les deux autres sous la queue ; les chapes de celles-ci sont mobiles autour d'une charnière horizontale, et ne portent l'affût que lorsqu'on fait effort avec un levier embarré dans les douilles des chapes. La vis de pointage est munie d'une semelle réunie à charnière avec l'entretoise de devant. (Pl. IX, fig. 9.)

Le grand châssis n'a pas de directrice et est muni, vers son milieu, d'une forte échantignolle destinée à empêcher le fléchissement des côtés. Un lisoir en fonte, placé sous l'entretoise de devant, porte deux petites roulettes qui se meuvent sur une voie circulaire en fer, concentrique à la cheville-ouvrière qui est reportée assez en avant, et à laquelle le lisoir est réuni par une pièce de fer en forme de V, se terminant par une lunette. Sur le côté gauche, un marchepied permet aux servants d'arriver à hauteur de la pièce ; enfin, à l'arrière, un treuil muni d'une chaîne sert à mettre l'affût hors de batterie. On ne doit plus construire d'affûts de ce type.

Affût de place pour obusiers de 22ᶜ G. R. C.(¹). — Cet affût peut aussi recevoir le canon de 16ᶜ G. R. C. quand il est pourvu de manchons de tourillons et d'un lien de culasse.

Affût de place pour canon de 22ᶜ A. R. (Pl. X.) — Cet affût, le plus complet de ceux qu'emploie l'artillerie italienne, présentant plusieurs particularités intéressantes, on en donnera une description détaillée. Il se compose de deux flasques en tôle avec cornières rivées, présentant, à chacune de leurs extrémités, une entaille carrée dans laquelle on embarre pour les manœuvres de force.

L'écartement des flasques est assuré et maintenu par un fond horizontal, une double entretoise de devant formée de deux parties perpendiculaires l'une sur l'autre et par une entretoise de derrière. (Pl. X, fig. 1, 2 et 6.) L'encastrement des tourillons, de forme ovale, est fait d'une pièce de fer forgé rapportée, comme dans l'affût d'obusier : la disposition des roulettes antérieures et postérieures (pl. X, fig. 5) est aussi la même que dans cet affût.

L'appareil de pointage comprend deux crémaillères identiques, mues simultanément au moyen d'engrenages

(¹) Voir *Revue d'artillerie*, tome Iᵉʳ, janvier 1873. — *Obusiers et mortiers rayés.*

conduits par un arbre à double manivelle. La crémaillère
est pincée entre le pignon moteur et un galet d'appui qui
facilite le mouvement.

Le châssis, semblable à celui d'obusier, mais plus long,
est muni d'un double marchepied sur les côtés et sur le
devant : un treuil, composé d'engrenages montés sur trois
arbres distincts, sert à mettre hors de batterie.

Pour limiter le recul, on emploie un *frein central, système Armstrong*, qui forme à la fois partie intégrante de
l'affût et du châssis. Il consiste en un certain nombre de
lames métalliques parallèles portées par l'affût dans le
sens de sa longueur et vers son milieu au-dessous du fond :
elles viennent, dans le recul, serrer contre d'autres lames
portées par le châssis et limitent ainsi l'amplitude du
mouvement. Les lames de l'affût (pl. X, fig. 3, 4) sont
entaillées pour prendre appui sur les bords de la rainure
du fond par laquelle elles passent et sont traversées par
deux boulons sur lesquels elles peuvent glisser en se rapprochant ou s'écartant les unes des autres. Les lames du
châssis dépassent antérieurement l'entretoise de devant et
sont toutes engagées sur un arbre soutenu par deux coussinets fixés extérieurement en avant de l'entretoise : leur
extrémité postérieure repose librement par une entaille
sur l'entretoise de derrière. Chaque lame du châssis se
trouve entre deux lames de l'affût : celles-ci sont au nombre de 9, et celles du châssis au nombre de 8 ; les deux
lames extérieures appartiennent donc à l'affût.

Le serrage, dans le recul, se fait automatiquement au
moyen de deux tenailles à fourche, mobiles autour de
leurs axes qui sont maintenus dans des charnières fixées
sous le fond d'affût. (Pl. X, fig. 3, 4.)

Ces tenailles s'appuient sur les lames extérieures de
l'affût qui, pour cette raison, sont en acier, tandis que les
autres sont en fer. Les fourches des tenailles traversent le
fond et embrassent deux manchons à collier et à vis montés
sur un arbre fileté porté par les flasques.

Les pas de vis correspondant aux deux manchons sont inverses, et les manchons sont faits de manière à ne pas pouvoir tourner avec l'arbre, mais à pouvoir seulement se déplacer suivant l'axe de la vis, quand celui-ci tourne. Ils s'éloignent ou se rapprochent suivant le sens de la rotation de l'arbre et, par suite, rapprochent ou éloignent les pinces des tenailles. Cela posé, l'extrémité gauche de l'arbre porte, extérieurement à l'affût, un levier à poignée prolongé de l'autre côté de l'arbre par un petit bras : un très-fort butoir est fixé extérieurement au châssis, à peu de distance de la position que prend le petit bras quand le levier est vertical, ce qui correspond au cas où les pinces n'exercent pas de pression sur les lames. Le sens du pas de vis de l'arbre est tel que, en abattant le levier d'avant en arrière par rapport à l'affût, les manchons s'éloignent l'un de l'autre; alors, quand l'affût recule, le petit bras vient rencontrer le butoir, l'arbre est par suite obligé de tourner, les manchons s'éloignent et augmentent progressivement la pression des lames par les pinces. Au moment où le petit bras échappe au butoir, le levier vient heurter une pièce d'appui élastique qui amortit la violence du choc et il reste maintenu à l'abattu par une dent en saillie sur l'arc en fer le long duquel il se meut; il franchit cette dent par flexion, dans son mouvement de rotation, avant de venir heurter la pièce d'appui.

Tel est le jeu ordinaire du mécanisme; mais on peut aussi, si on le juge utile, donner une pression initiale déterminée aux lames. L'arbre du frein est formé, dans ce but, de deux parties réunies par le manchon de la tenaille de droite, de façon que chacune des deux parties peut tourner sur elle-même indépendamment de l'autre : les mouvements longitudinaux sont, du reste, empêchés par le mode d'assemblage de l'arbre avec les flasques. La partie gauche de l'arbre, qui est la plus longue, porte les deux pas de vis inverses et le levier du butoir; l'autre partie se termine, à peu de distance de la première, par une tige hexagonale.

Le manchon de droite réunit les deux extrémités voisines, en formant écrou pour la vis du premier arbre et s'emboîtant, d'autre part, par une section hexagonale, sur la tête du second : le manchon est donc obligé de suivre la rotation de celui-ci, tandis qu'au contraire il ne peut pas tourner avec le premier. Les deux portions de l'arbre ont entre elles un certain jeu dans le manchon, de sorte que celui-ci peut se déplacer suivant son axe, embrassant ainsi une longueur variable de la tige hexagonale.

La plus petite partie de l'arbre se termine par un levier extérieur au flasque droit : lorsqu'on l'abat, le manchon, obligé de tourner, avance ou recule en glissant le long de la tige hexagonale, sur le pas de vis du grand arbre : celui-ci reste immobile ainsi que le manchon de gauche qui se trouve indépendant du levier de droite : d'ailleurs les méplats de ce manchon, embrassés par la fourche de la tenaille correspondante, l'empêchent de suivre le mouvement de rotation de l'arbre et lui permettent seulement, lorsqu'il tourne, de se déplacer suivant son axe. Le levier de droite est vertical quand la tenaille de droite n'exerce pas de pression sur les lames : pour donner, avant le tir, une pression initiale, on abat ce levier vers la tête d'affût, et on le maintient à la position déterminée, suivant le degré de pression qu'on veut avoir, au moyen d'une cheville engagée dans les trous de l'arc le long duquel se meut le levier. Dans le tir, le mouvement du levier de gauche augmente progressivement la pression jusqu'à ce qu'il vienne rencontrer son heurtoir : le frottement considérable des lames ne tarde pas à arrêter le recul.

Pour remettre en batterie, il suffit de dégager le levier de gauche de la dent qui le retient et de faire reposer l'affût sur le châssis par ses quatre roulettes, en abaissant l'excentrique des roulettes postérieures au moyen de deux manivelles mobiles ; l'extrémité de leur poignée présente un trou destiné à recevoir une corde dont on se sert pour déterminer l'abaissement de la manivelle.

Enfin l'affût et le châssis doivent être munis d'une brague pour empêcher l'affût de sortir du châssis dans le cas où, par accident, le frein viendrait à ne pas fonctionner régulièrement.

Voitures des places et établissements. — Pour le transport des pièces, on emploie généralement le *chariot porte-corps à roulettes*, voiture très-simple formée seulement de deux longs et forts brancards réunis par un épars antérieur et par le corps d'essieu, et munis d'un avant-train analogue à celui de siége. Les roulettes sont assez basses pour passer sous le corps de la voiture et sont percées de trous dans lesquels, lorsqu'on veut enrayer, on engage une cheville d'enrayage qui, venant s'appuyer contre le corps d'essieu, empêche la roulette de tourner.

La voie étroite et le peu de hauteur des roues, ainsi que leur tournant illimité, permettent d'employer cette voiture dans les chemins de montagne; grâce à ses petites dimensions, elle peut également circuler dans les passages étroits et couverts des places.

L'artillerie italienne emploie en outre deux *triqueballes*, l'un à *flèche*, se traînant à bras pour le transport des petites pièces; l'autre à *treuil*, semblable au modèle français, pour les pièces de gros calibre.

Pour le transport des objets divers et les mouvements des établissements aux magasins de l'artillerie ou à la voie ferrée, on se sert d'un *chariot de transport*, sorte de chariot de parc assez bas pour que le chargement en soit facile ainsi que le déchargement. L'avant-train en est semblable à celui du chariot de parc, mais peut à volonté recevoir un timon ou une limonière (pl. IX, fig. 11); celle-ci se relie alors à charnière avec la volée au moyen de chevilles à la romaine et de clavettes. Enfin, les menus objets, armements, etc., se transportent dans une *charrette à bras*, sorte de petit tombereau de dimensions réduites, pouvant au besoin circuler dans les boyaux de tranchée.

Pour tous les mouvements de matériel, avec les divers affûts et voitures, on fait usage d'un avant-train spécial, dit *de place*, assez semblable à celui de siége et place, mais plus léger dans ses diverses parties et sans tirant en fer au timon.

Affûts de mortiers. — Les affûts de mortiers sont au nombre de deux, l'un pour mortier de 15ᶜ B., identique au modèle français, l'autre pour mortier de 22ᶜ G. Ce dernier, venu d'un seul jet de fonte, présente un encastrement continu pour les tourillons et, sur chaque face, au-dessous de celui-ci, un ressaut destiné à donner appui aux anneaux-élingues qui relient le mortier à son affût : ces anneaux sont eux-mêmes maintenus par des esses, avec clavettes, placées dans les trous des tourillons.

Le pointage se fait au moyen d'un appareil assez compliqué, dont la figure fait suffisamment comprendre le jeu. (Pl. VIII, fig. 8.)

Affûts de modèles divers. — On trouve encore en service un nombre considérable d'affûts de modèles divers, dont la seule énumération nous entraînerait trop loin. Ils se rapprochent tous, plus ou moins, des types précédents ou des modèles français anciens ou modernes. Nous dirons seulement un mot de ceux qui présentent quelque disposition originale.

Affût de campagne allégé, modèle Cavalli. — Dans cet affût, semblable à l'affût réglementaire, la chaîne d'enrayage est remplacée par un frein à patins, comme dans les voitures du commerce : ce frein, qui est placé sur la flèche et dont le serrage s'obtient au moyen d'une vis reliée à l'écrou de vis de pointage, sert aussi à limiter le recul. Cet affût est adopté pour les batteries mobiles d'obusiers de 15ᶜ G. L. qui font partie de la dotation de certaines places. Il emploie un avant-train spécial, sans palonniers, et dont la cheville ouvrière est portée par un fort ressort en acier (pl. IX, fig. 13). Le coffre contient 20 coups à obus sphériques de 15ᶜ.

Affût de casemate pour canon de 16ᶜ G. R. — L'affût de siège et place se transforme en affût de casemate par la simple addition de roues basses et d'une brague. Mais l'appareil de pointage présente une disposition spéciale pour permettre à un seul servant de soulever la culasse, malgré la grande prépondérance de la pièce. La vis est réunie à une semelle reliée à un étrier qui embrasse l'entretoise de volée (pl. IX, fig. 14); d'autre part, l'écrou est pourvu d'un porte-écrou à tourillons et présente douze trous tronconiques. Il est enveloppé d'un collier muni d'une gaîne dans laquelle s'engage une longue manivelle qui peut y prendre un certain déplacement, limité par une vis fixée sur sa tige et mobile dans une rainure de la gaîne : on peut ainsi dégager la manivelle du trou de l'écrou dans lequel elle est engagée, de manière à continuer la rotation au moyen des trous suivants.

Affûts de place, dits à dépression. — Ces affûts, du modèle général de Gribeauval, se distinguent par la possibilité de donner diverses positions à la vis de pointage : dans ce but, l'écrou fait corps avec une sole mobile en bois, ferrée et munie, vers la tête, d'une traverse dont les bouts prennent appui sur divers supports fixés contre l'intérieur des flasques, tandis que la queue repose sur une cheville engagée dans des trous correspondants (pl. IX, fig. 15). Le déplacement s'obtient au moyen d'un levier intérieur mû à l'aide d'une manivelle latérale placée extérieurement. Pour les très-grands angles, on remplace la sole par une simple entretoise basse partant de l'écrou.

Lisoir directeur. — Dans certains cas, pour faciliter la manœuvre des pièces sur lisoir, on place, à la tête de la plate-forme, une sorte d'auge circulaire en fonte, remplie de grosses balles de mitraille. Le lisoir est alors muni d'une bande en fonte de même forme, qui repose sur les balles; on substitue ainsi un frottement de roulement au frottement de glissement.

Affûts de mortiers. — Les affûts de mortiers de gros calibre et de pierriers présentent des dispositifs de pointage plus ou moins analogues à celui du mortier de 22° G. Ils font généralement usage de treuils placés à la queue de l'affût; le mortier est relié à celui-ci par des sus-bandes.

Les affûts autrichiens se distinguent par une disposi-

Principales données relatives aux affûts réglementaires.

Désignation de l'affût	N° des roues	N° des essieux	VOIE (m.)	ÉCARTEMENT des sous-bandes (mm)	DIAMÈTRE de l'encastrement des tourillons (mm)	BOUCHES A FEU réglementaires qui peuvent se placer sur l'affût	HAUTEUR de l'axe de la pièce au-dessus du sol a. (m.)	ANGLE au-dessus de l'horizon c. (degrés)	ANGLE au-dessous de l'horizon b. (degrés)	POIDS d. (kil)	MODE de construction	N° du châssis	POIDS du châssis complet (kil)
Affût de montagne	11	en bois	0,75	180	68	Canon de 8e B. R. / Id. 9e B. R.	0,70	14 / 22	11 / 12	115	bois.		
Affût de campagne	4 1/2	en acier	1,53	270	94	Id. 12e B. R. / Id. 13e G. R. / Id. 12e B. R. / Id. 0e B. R.	1,10	14 / 36 / 32 / 32	16 / 8 / 22 / 22	515	bois.		
Affût de siége et place pr canon de 12e G. R.	4	5	1,52	340	120	Obusier de 15e G. L. / Canon de 16e G. R.	1,61 / 1,56	36 / 35	23 / 5	800	bois.		
Affût de siége et place pr canon de 16e G. R.	3	2	1,52	545	180	Obusier de 22e G. L.	1,56	35	5	1300	bois.		
Affût de siége et place et obusier de 22e B. R.	f.	f.	1,50	308	380	Obusier de 22e B. R.	1,61	45	90	1740	tôle de fer		
Affût de place pour canon de 12e G. R.	3	3	1,39	340	121	Canon de 12e G. R. / Obusier de 15e G. L.	1,68 / 1,67	16 / 17	16 / 18	760	bois.		
Affût de place pour canon de 16e G. R.	10	3	1,30	545	188	Canon de 16e G. R. / Obusier de 22e G. L.	1,57 / 1,80	23 / 28	0 / 6	1020	bois.		
Affût de place pour canon de 16e G. R. C.	10			630	181	Canon de 16e G. R. C.	1,83	19	9	1100	bois.	n° 4	650
Affût de place pour canon de 22e A. R.				776	850	Canon de 22e A. R.	1,88	20	8	g.	tôle de fer	n° 2	1850
Affût de place pour obusier de 22e G. R. C.				807		Obusier de 22e G. R. C. / Canon de 16e G. R. C.	1,96 / 2,41	45 / 43	13 / 15	920	bois.	n° 3	2020
Affût de mortier de 15e B.				211	91	Mortier de 15e B.	1,84	90	h.	68	bois.		
Affût de mortier de 22e G.				405	141	Mortier de 22e G.		90	h.	360	fonte.		

a. Les roues reposant sur plate-forme horizontale, l'axe de la pièce horizontal; pour les affûts de place, le châssis compris.

b. Sur plate-forme horizontale pour les affûts de montagne, de campagne, de siége et de mortier.

d. Sans châssis pour les affûts de place.

f. N'a pas encore de numéro d'ordre.

g. N'est pas encore complètement déterminé.

h. Angle minimum sous lequel on peut pointer le mortier { de 15e B.... + 19°. / de 22e G.... + 14°.

Principales données relatives au matériel réglementaire.

	Numéro de l'ordre	NUMÉRO de la roue		VOIE	POIDS de la voiture		Chargement maximum des voitures servant à divers usages.	Largeur minimum nécessaire pour faire demi-tour.
		d'avant-train.	d'arrière-train.		vide.	avec le chargement réglementaire		
Avant-trains communs à plusieurs voitures.				m.	kil	kil	kil	mèt.
Avant-train de campagne, modèle 1863 (sans coffre)...	5	4	»	1,52	415	»	»	»
Avant-train de siége et place	2	7	»	1,52	545	»	»	»
Avant-train de place	5	8	»	1,52	330	»	»	»
Voitures à 2 roues.								
Charrette à bras	6	6		1,23	240	»	»	4,40
Charrette de tranchée	5	4		1,52	440	»	700	3,80
Triqueballe à flèche	5	4		1,52	320	»	»	3,30
Voitures à 4 roues.								
Caisson à munitions de 9c a.	5	4	4	1,52	1130	2120	»	6,70
— de 12c b.	5	4	4	1,52	1150	2275	»	6,70
— d'inf. c.	5	4	4	1,52	1070	2125	»	6,70
Forge de campagne d.	5	4	4	1,52	1250	2030	»	6,70
Chariot de batterie	5	9	5	1,52	900	»	1900	5,00
Chariot de parc	5	8	4	1,52	875	»	1500	5,00
Chariot de parc couvert	5	8	4	1,52	975	»	1300	4,90
Chariot porte-corps	2	7	3	1,52	1350	»	{ 3200 f. 2200 g. }	7,50
Chariot porte-corps à roul..	4	roulette n° 2	roulette n° 1	1,13	675	»	»	4,30
Chariot de transport	5	13	12	1,52	875	»	3500	4,90
Triqueballe à treuil	2	7	1	1,52	1860	»	»	11,50

a. Nombre de coups transportés : 114 à obus et 26 à mitraille.
b. id. : 66 id. 6 id.
c. Avant-train et arrière-train modèle 1844. — Si l'avant-train est du modèle 1863, le poids est augmenté de 30ᵏ; mais dans les deux cas, le nombre de paquets transportés est de 2 625, soit 21 000 cartouches.
d. Avant-train modèle 1844.
f. En canons.
g. En gros projectiles.

tion inverse, l'appareil se trouvant sous la volée (pl. IX, fig. 12). Il se compose d'une vis avec écrou à tourillons, dont la tête supporte une semelle en bronze à charnière.

Voitures diverses. — La *charrette de tranchée* et le *triqueballe à vis*, semblables aux modèles français, restent en service, bien que non réglementaires.

III. ÉQUIPAGES DE PONT.

Équipage modèle 1860, équipage modèle Birago, matériel du Pô. — Données numériques.

Équipage modèle 1860. — Le matériel modèle 1860 constitue les équipages réglementaires de corps d'armée et d'armée : le corps de soutien ordinaire est le bateau, et, comme support accessoire, on emploie le chevalet.

Le bateau (pl. XI, fig. 1) est en bois, avec une poupe de forme carrée, perpendiculaire au fond et munie de pitons d'assemblage ; c'est un véritable demi-bateau, forme peu avantageuse pour la navigation et les manœuvres de pontage. Chaque plat-bord porte 12 taquets en bois, cloués, qui servent soit à ponter, soit à recevoir des tolets maintenus au moyen de ficelles. Les demi-bateaux ne s'accouplent que pour le transport des hommes et du matériel, ou, dans quelques cas exceptionnels, lorsqu'on veut construire des ponts d'une grande résistance. On expérimente actuellement des bateaux en tôle, dont les dimensions sont les mêmes ; afin d'éviter l'oxydation, la tôle, d'abord zinguée, reçoit ensuite une couche de peinture.

Vers les rives, quand l'eau n'est pas trop profonde, les dernières travées se font au moyen de *chevalets modèle 1860*; chacun d'eux se compose d'un chapeau, de deux pieds, de deux semelles et de deux chaînes de suspension. (Pl. XI, fig. 2.) On emploie des pieds de deux longueurs différentes, suivant la profondeur d'eau, et le chapeau porte six paires d'étriers à pitons en fer, destinés à recevoir les *poutrelles* et à les fixer. Celles-ci ont, pour cette raison, leurs extrémités frettées et percées de trois trous dont les deux extrêmes, destinés à coiffer les pitons, sont garnis de rosettes. (Pl. XI, fig. 3.) Pour réunir au contraire les poutrelles aux bateaux, on se sert d'un engin intermédiaire, dit *traverse de bateau*, portant deux pitons vers son milieu, et à chaque bout deux taquets destinés à embras-

ser le plat-bord. (Pl. XI, fig. 4.) Les poutrelles s'assemblent
bout à bout, au milieu du bateau, par leurs trous extrêmes
et les pitons de la traverse, pour les ponts par bateaux
successifs, ou au contraire extérieurement au bateau, les
deux autres trous d'une même poutrelle engagés sur les
pitons, pour les ponts par portières. (Pl. XI, fig. 8.) La
culée se fait avec deux *corps-morts*, l'un pourvu de pitons,
placé sous la tête des poutrelles ; l'autre, sans pitons,
servant à contrebuter le tablier.

Le transport du matériel s'effectue au moyen de trois
haquets différents.

Matériel modèle Birago. — L'équipage modèle Birago admet
le chevalet comme corps de soutien ordinaire ; le bateau
ne sert que par exception : ce matériel est destiné surtout
au passage de rivières peu profondes. Le *chevalet* est analogue au précédent, mais le chapeau n'a pas de pitons ; les
pieds peuvent être de quatre longueurs différentes, et,
avec les deux plus longs, on met quatre pieds au chevalet,
deux dans chaque mortaise du chapeau. (Pl. XI, fig. 5.)
Avec le plus court, la place du second pied dans la mortaise est occupée par un tasseau mobile. (Pl. XI, fig. 6.)

Le *bateau* est composé de deux parties séparables : l'a-
vant ou proue, et l'arrière, de forme prismatique. On peut
d'ailleurs allonger le bateau ordinaire en y ajoutant un
ou plusieurs éléments, de manière à avoir des corps de
support plus considérables.

Le pontage se fait au moyen de *poutrelles à griffes* de
trois longueurs différentes : les *longues* servant pour les
travées de chevalet, les *moyennes* pour la travée de culée,
et les *courtes*, combinées avec les moyennes, pour relier
les poutrelles longues aux bateaux. (Pl. XI, fig. 7.) Dans
ce dernier cas, on dispose deux poutrelles courtes sur le
plat-bord, et, suivant l'axe du bateau, une poutrelle moyenne
à plat sur les premières ; elle est maintenue par les taquets des poutrelles courtes et par une pièce d'appui avec
fourche en fer placée sur la séparation du bateau.

Le matériel se transporte sur deux haquets.

Matériel du Pô. — Pour construire sur le Pô des ponts capables de donner passage aux voitures plus lourdes qui suivent à distance les colonnes d'une armée, on a créé un matériel spécial très-solide, qui se transporte seulement par eau, remorqué à l'aide de vapeurs à roues. Le bateau est du modèle français, mais de dimensions plus grandes ; le pontage se fait au moyen de poutrelles à griffes et de deux couches de madriers, la première étant clouée sur les poutrelles ; au moment du besoin, on fixe un parapet léger sur les côtés du pont. On construit sur place des chevalets avec des bois dégrossis pour les dernières travées, quand l'eau n'est pas trop profonde.

Données relatives aux Équipages de pont.

1° Bateaux.

BATEAUX.	LONGUEUR.	LARGEUR.	HAUTEUR		POIDS.	CHARGE MAXIMA (¹)
			à la poupe.	À la pointe de la proue.		
	mèt.	mèt.	mèt.	mèt.	kil.	kil.
Bateau modèle 1860.............	7,50	1,76	0,86	0,90	540	9500
Bateau modèle Birago...........	7,90	»	»	»	710(²)	8600
Bateau du Pô...................	15,00	3,50	0,88	»	2000	24.000

(¹) Charge sous laquelle le bateau commence à couler bas : on ne doit pas faire porter au bateau une charge supérieure aux 2/3 de cette limite.

(²) Dont 380 kil. pour l'avant et 330 kil. pour l'arrière.

2° *Chevalets, poutrelles et madriers.*

MODÈLES.	CHEVALET. Longueur du chapeau.	Longueur des pieds.	POUTRELLES. Longueur.	MADRIER. Longueur.	Largeur.	1/2 MADRIER. Longueur.	Largeur.
		m.	m.	m.	cent.	m.	cent
Matériel modèle 1860.....	5m environ	{2,50 / 4,00	7,0	3 environ	33,33	3 environ	12
Matériel modèle Birago ..	5m environ	{2,50 / 4,00 / 5,00 / 6,00	{7,0 / 4,0 / 2,0	3,24	29	3,24	11,5
Matériel du Pô	»	»	8,50(1)	»	»	»	»

(1) Poids : 90 à 110 kil.

3° *Haquets.*

ÉLÉMENTS DIVERS.	HAQUET MODÈLE 1860 pour bateau et poutrelles.	pour bateau et tablier.	POUR CHEVALET et tablier. disposé pr cheval.	disposé pour tablier	HAQUET mle Birago pour bateau et poutrelles.	pour chevalet.
Voie de la voiture (1)..................	1m,52	1m,52	1m,52	1m,52	1m,52	1m,52
Poids de { vide.......................	720k	760k	930k	780k	745k	765k
la voiture { avec chargemt réglementaire	2250	2380	2150	2100	{1730(2) / 1770(3)	1760

(1) Tous les haquets ont un tournant illimité et sont attelés à quatre chevaux. — (2) Avec arrière prismatique. — (3) Avec avant-bec.

IV. MUNITIONS.

Poudre, projectiles, fusées.

Poudre. — L'armée italienne a actuellement eu service trois types de poudre différents : la poudre à fusil, la poudre à canon, la poudre en dés. La première est employée pour les armes portatives; la seconde pour toute l'artillerie réglementaire et le chargement des projectiles creux ; la dernière est destinée aux bouches à feu de gros calibre se chargeant par la culasse; on doit aussi s'en servir pour le tir du canon de 16ᶜ G. R. C.

Les poudres sont fabriquées par la méthode des *tonnes* et des *presses*. Le dosage est le même pour les trois types et se fait dans la proportion de 75 p. 0/0 de salpêtre, 15 de charbon et 10 de soufre. Les poudres à fusil et à canon ne diffèrent entre elles que par *le grenage*; les grains, de forme lamellaire, subissent un lissage assez fort.

POUDRES.	DENSITÉ GRAVIMÉTRIQUE (Poudre non tassée)		DENSITÉ des grains		Densité gravimé- trique moyenne. Poudre tassée.	GROSSEUR des grains.		NOMBRE de grains par gramme	
	maxima.	minima.	max.	min.		max.	min.	max.	min.
						mm	mm		
Poudre à canon.......	0,890	0,850	1,74	1,66	1,010	1,5	0,7	950	900
Poudre à fusil........	0,860	0,820	1,67	1,61	0,976	0,7	0,4	5000	4500

La densité des grains est mesurée au densimètre *Mallet*. Pour l'épreuve balistique, on exige que, dans le fusil de 17ᵐᵐ,5, la charge de 5 grammes de poudre à fusil donne à la balle sphérique une vitesse de 260 à 290 mètres, et que, dans le canon de 12ᶜ G. L., la charge de 2 kil. donne au boulet sphérique une vitesse de 510 à 530 mètres.

Ces poudres doivent, seules, être employées respecti-vement à la confection des charges pour l'artillerie rayée se chargeant par la culasse et à celle des cartouches mé-talliques pour les armes portatives modèle 1870, se char-geant également par la culasse : cette décision date du 23 février 1873. Les poudres de fabrication antérieure à cette date ont l'ancien dosage de 75 de salpêtre, 12,5 de char-bon et 12,5 de soufre, avec les mêmes densités et le même grenage que ci-dessus. Elles seront utilisées pour l'artil-lerie et les armes portatives se chargeant par la bouche.

La poudre *en dés* est formée de grains à peu près paral-lélipipédiques, dont les arêtes et les angles sont arrondis par le lissage : la longueur des arêtes est de 9 à 11ᵐᵐ, et le nombre moyen des grains est de 500 par kil., avec une tolérance de 15 grains en plus ou en moins. La densité des grains varie de 1,78 à 1,80, et la densité gravimétrique de 1,18 à 1,25. A l'épreuve, la poudre doit imprimer à l'obus oblong de 24^c une vitesse de 395 à 415 mètres ; la pression au fond de l'âme, mesurée au moyen de l'appareil Rodman, restant comprise entre 1 500 et 1 700 atmosphères. Le nouveau dosage, adopté déjà par l'Angleterre, semble donner un encrassement moindre que celui des anciennes poudres.

Projectiles. — L'artillerie réglementaire se chargeant par la bouche emploie des obus oblongs à ailettes de 8^c (pl. XI, fig. 9), 9^c (fig. 10), 11^c, 16^c, 22^c léger, (fig. 11), 22^c lourd (fig. 12) ; les shrapnels correspondants sont encore à l'étude. Tous ces projectiles affectent la forme générale des obus français ; cependant, pour les calibres de 8^c et 9^c, ils ont l'ogive plus surbaissée et les parois plus minces, ce qui leur donne des formes analogues à celles des premiers obus à balles adoptés en France ; l'obus de 22^c léger a également des parois minces, avec une épaisseur de métal relativement plus forte vers la pointe. Tous les obus sont munis de 12 ailettes en zinc.

Le canon de 16^c G. R. C. lance aussi un *boulet massif* (pl. XI, fig. 13) en acier forgé et légèrement trempé, à pointe aiguë ; il provient de la transformation, à la forge et au tour, du boulet massif à tête plate modèle 1865, tracé en pointillé sur la figure. Il existe un projectile du même genre pour le canon de 22^c A. R.; son poids est de 120 kil. Enfin, il y a, pour le canon de 16^c à 2 rayures, un obus spécial (pl. XI, fig. 14), pourvu de 2 longues ailettes venues de fonte et de 4 guides également venus de fonte et destinés à diminuer les battements.

L'artillerie se chargeant par la culasse (^{1}) emploie des obus à chemise de plomb mince et soudée ; l'obus ordinaire de 7^c et l'obus perforant de 24^c sont seuls adoptés :

(^{1}) Bien que les canons de 7^c et de 24^c n'aient point été décrits faute de renseignements suffisants, on donne ici leurs munitions pour lesquelles les détails nécessaires ont pu être obtenus : les bouches à feu et leur matériel feront l'objet d'un article complémentaire.

le shrapnel de 7ᶜ et l'obus ordinaire de 24ᶜ sont encore en expérience.

L'obus de 7ᶜ (pl. XI, fig. 15) est à fragmentation systématique et l'œil est disposé pour recevoir la fusée percutante prussienne. Le shrapnel en expérience est plus court et à parois plus minces; il renferme environ 100 balles de 16 grammes en alliage de plomb et d'antimoine, reliées par du soufre, et une charge explosive de 10 grammes dans un tube en laiton placé suivant l'axe de l'obus : chargé et muni de sa fusée, il pèserait 4 kil.

L'obus perforant de 24ᶜ est en fonte durcie; il ne reçoit pas de fusée, la chaleur développée par son passage à travers les plaques de blindage suffisant pour enflammer la charge d'éclatement. Le culot est percé d'un trou de chargement fermé par un bouchon d'acier vissé (pl. XI, fig. 18); il porte deux pitons dans lesquels passe une anse en fer qui sert à manœuvrer le projectile. Primitivement, l'obus était coulé sur une âme intérieure en fonte mince, que traversait un courant d'eau ou d'air froid, au moment de la coulée ; ce procédé est maintenant abandonné; les obus sont fondus d'un seul jet.

Les seuls projectiles sphériques actuellement réglementaires sont les obus de 22ᶜ et 15ᶜ, et la grenade à main. Pour le tir, les obus sont reliés à des valets en corde. (Pl. XI, fig. 19.)

Les données relatives à ces projectiles sont les suivantes :

ÉLÉMENTS DIVERS.	OBUS SPHÉRIQUES		GRENADE à main de 8ᶜ.
	de 22ᶜ.	de 15ᶜ.	
Calibre...............ᵐⁱˡ	219,9	148,3	31,0
Poids de l'obus vide.... ᵏⁱˡ	24,49	7,80	1,60
Charge intérieure ...... ᵏⁱˡ	1,100	0,350	0,110

Les données principales sur les obus oblongs en service sont contenues dans le tableau suivant :

ÉLÉMENTS DIVERS.	OBUS A AILETTES							BOULET MASSIF de 16c.	OBUS EMPLOMBÉS	
	de 8c.	de 9c.	de 12c.	de 16c.	de 16c. à 2 R.	de 22c léger.	de 22c lourd.		de 7c.	de 24c.
Diamètre de la partie cylindrique ..... mm	84,1	93	118,1	160,6	160,6	210,8	216,8	160,6	72,2(1)	233,2(1)
Hauteur totale de l'obus................	137,5	170	230	314	»	420	510	371	180	650
Vent de l'obus........................	2,5	3,1	3,1	4,6	»	6,7	6,7	4,6	»	»
Vent supérieur des ailettes...........	1,1	1	1	»	»	»	»	»	»	»
Distance entre les couronnes d'ailettes	61	90	94	120	»	245	275	150	»	»
Poids de l'obus vide .... kil	2,720	4,170	10,650	28,480	27,78	66,500	89,500	»	3,380	150
Charge { de guerre (poudre)........	0,200	0,300	0,500	1,100	1,100	8,500	8,600	»	0,200	1,500
intérieure { incen: (poudre......	»	»	0,100	0,240	0,240	1,500	»	»	»	»
diaire { cyl. de roche à feu : nombre	»	»	40	40	40	90	»	»	»	»
Poids de l'obus chargé avec sa fusée .. kil	2,050	4,500	11,186	29,600	28,900	70,000	98,000	46	3,720	151,500

(1) Diamètre pris sur la fonte avant la pose de la chemise de plomb. Cette dimension doit être changée. D'après les derniers renseignements, l'obus emplombé serait remplacé par un obus armé de trois ceintures de cuivre, avec lequel on atteindrait des vitesses de 455 mètres.

Boîtes à mitraille. — L'artillerie italienne fait encore aujourd'hui entrer les boîtes à mitraille pour une assez large part dans les approvisionnements. Pour les canons rayés, ces boîtes sont en zinc, et du même genre que les boîtes françaises; toutefois, il reste encore en service un grand nombre de boîtes en tôle qui doivent être consommées, mais seulement avec les canons en fonte.

Les intervalles entre les balles sont remplis de soufre pour
les pièces rayées, et de sciure de bois pour les pièces
lisses ; dans la boîte du canon de 7ᶜ B. R., le soufre est
remplacé par la colophane : cette boîte (pl. XI, fig. 17)
est en outre, vers son milieu, munie d'une bague de sou-
dure destinée à l'arrêter dans la chambre à la position
voulue. Toutes les boîtes ont une anse sur le couvercle ou
sur le culot, suivant que le canon se charge par la bouche
ou par la culasse : celle d'obusier en a deux.

Les boîtes à mitraille de l'artillerie réglementaire sont
les suivantes :

MODÈLES RÉGULIERS.	Métal.	Diamètre.	BALLES. Poids d'une balle.	Nombre de balles par couche.	Nombre total des balles.	BOÎTE FINIE. Calibre.	Hauteur.	Poids.
		mm	gr			mm	mm	kil
Boîte à grosse mitraille pr canon de 16ᶜ	Fonte	51	486	7(²)	34	160	259	25,400
Boîte à petite mitraille pr canon de 16ᶜ.	Fer.	37	207	12	72	160	233	23,800
Boîte à mitraille pour canon de 12ᶜ	Fer.	37	207	7(³)	41	118	227	12,700
Id. 9ᶜ	Fer.	29	100	7(³)	41	94	184	6,450
Id. 8ᶜ	Fer.	26	73	7(²)	41	84	167	4,570
Id. 7ᶜ	Zinc	23	45	7(³)	61	74	200	4,110
Boîte à mitraille pour perrier de 5ᶜ (¹)	Plomb	12	11	12	36	50,6	63	0,510
Boîte à mitraille pr obusier de 22ᶜ B. R.	Fer.	37 / 33	207 / 143	26(⁴)	172	218	248	48,200
Boîte à petite mit. pr obusier de 22ᶜ G. L.	Fonte	51 / 48	486 / 418	14	58	218	210	32,000
Boîte à mitraille pour obusier de 15ᶜ (¹).	Fer.	33	143	14	70	146,5	175	12,000
Modèles anciens.								
Boîte à mitraille pour canon de 16ᶜ	Fonte	51	486	7(²)	34	157	255	19,600
Id. 12ᶜ	Fonte	38	204	7(²)	41	116,5	230	9,670
Boîte à grosse mit. pr obusier de 22ᶜ G. L.	Fonte	72	1400	7(²)	20	218	220	34,500

(¹) Cylindre en fer blanc. — (²) Manque la balle centrale de la couche supérieure.
— (³) Manquent les balles centrales des deux couches supérieures. — (⁴) Manquent
10 balles vers le centre de la couche supérieure.

Le tir de la mitraille dans les mortiers s'exécute au
moyen de plateaux en bois, placés sur la poudre pour recevoir les balles et régulariser l'action de la charge : pour
le tir des grenades et des obus de petit calibre, on em-

ploie, par-dessus le plateau, un panier en fer feuillard ou en clayonnage ; ce dernier est surtout en usage pour le tir des cailloux dans le pierrier.

Fusées. — L'artillerie lisse emploie des fusées en bois à calice ; pour les obus à ailettes, on se sert de fusées à évents, à tête hexagonale et à une seule durée : elles sont également en bois et vissées dans l'œil de l'obus. (Pl. XI, fig. 20.) Sous la tête, on enroule un peu d'étoupe imbibée de cire fondue, et on place une rondelle de cuir gras pour empêcher la communication du feu : la fusée reçoit un vernis au minium qui la préserve de l'humidité. La composition est formée de 6 de pulvérin, 3 de salpêtre et 1 de soufre. Il y a deux fusées : le n° 1 pour obus de 16^c et de 22^c : durée, de 40 à $46''$; le n° 2 pour obus de 12^c, 9^c et 8^c : durée, de 24 à $30''$. Pour l'obus de 8^c, on est obligé d'en réduire la longueur de 4 centimètres.

L'obus de 7^c est armé de la fusée percutante prussienne : le shrapnel de ce calibre aura une fusée à temps, percutante au départ, comprenant un corps et un couvercle mobile. (Pl. XI, fig. 21.) La composition, au lieu d'être tassée dans un canal, est comprimée dans un tube de plomb fermé des deux bouts([1]), logé dans une rainure circulaire du corps de fusée, et communiquant à l'une de ses extrémités, par un petit canal, avec une chambre à poudre. Une pointe d'acier, en saillie, est fixée au centre du corps de fusée qu'embrasse le couvercle en s'y reliant de la manière suivante : une lame en laiton, fixée au couvercle par des vis, est logée dans une rainure où, grâce à son élasticité, elle cherche constamment à se détendre ; de cette façon, sans s'opposer à ce qu'on fasse tourner le couvercle avec quelque effort, elle le fixe à la position qu'on lui a donnée. Un trou qui traverse le couvercle à la hauteur de la composition et est rempli de poudre, reçoit le feu

---

([1]) Ce tube, préalablement rempli de poudre, est ensuite étiré sous une forte pression : on obtient ainsi, paraît-il, des durées de combustion d'une régularité remarquable.

et le communique au canal fusant : l'inflammation est produite au moyen d'un percuteur soutenu par deux oreilles et par une goupille de sûreté qu'on enlève au moment du tir ; un bouchon ferme la fusée à sa partie supérieure. La paroi du corps porte une graduation en secondes et quarts de seconde, qui s'étend jusqu'à 10″, et dont le 0 correspond à l'extrémité du canal fusant qui est en communication avec la chambre à poudre : le couvercle porte, au contraire, un repère correspondant au trou d'inflammation. Le couvercle étant convenablement disposé pour la durée qu'on veut obtenir, on perce de part en part, au moyen d'une aiguille, le tube en plomb à travers le trou du couvercle : le jeu subséquent du mécanisme se comprend de lui-même.

Gargousses, sachets, etc. — Les charges des canons de siége et de place se confectionnent au moyen de gargousses en papier, à l'exception de celles des obusiers rayés et du canon de 24ᶜ, qui sont contenues dans des gargousses en toile de chanvre. Pour tous les canons de campagne, les sachets sont en filoselle ; dans les coffres, quelques charges sont préparées pour le tir plongeant de campagne ; elles prennent le nom de *paquets de sachets* et sont formées par la réunion d'un certain nombre de sachets plus petits : le paquet forme la charge de guerre (pl. XI, fig. 22), et en rompant ses ligatures on obtient des charges réduites, toutes préparées, d'un poids connu ; sur les sachets se trouve imprimée l'indication du calibre de la bouche à feu ; les petits sachets portent en outre celle de la charge qu'ils contiennent. Les sachets et paquets sont les suivants :

Canon de 12ᶜ : *Sachet* de 1ᵏ,200. — *Paquet* de 6 sachets de 150ᵍʳ et 3 sachets de 100ᵍʳ.
Canon de 9ᶜ :   id.   0ᵏ,900. —   id.   4   id.   150ᵍʳ et 3   id.   100ᵍʳ.
Canon de 8ᶜ :   id.   0ᵏ,800. —   id.   1   id.   100ᵍʳ et 4   id.   50ᵍʳ.
Canon de 7ᶜ :   id.   0ᵏ,550. —   id.   1   id.   270ᵍʳ et 2   id.   140ᵍʳ.

L'*étoupille* fulminante est semblable à l'étoupille française. L'artillerie italienne n'emploie pas les *fusées de guerre*.

Conservation, transport. — Les projectiles sphériques et les obus à ailettes sont coltharisés et empilés; les obus emplombés ne sont pas coltharisés; leur engerbement n'est pas encore réglementé.

Pour le transport, tous les obus oblongs sont placés dans des caisses blanches, ce qui a l'avantage de ménager les ailettes et les chemises de plomb. L'obus de 7ᶜ est, de plus, préalablement emballé dans un porte-obus (pl. XI, fig. 16) en bois tendre, dont le fond est muni d'un gôdet en fer pour loger le culot : une poignée en tresse de fil, fixée par des pointes, sert à manier l'obus emballé.

V. EFFETS DU TIR ([1]).

Tension, justesse, vitesses restantes, effets d'éclatement et de pénétration.

Les obus de l'artillerie de campagne et de montagne sont armés de fusées à durée fixe, correspondant à la portée maxima, de sorte qu'ils agissent le plus souvent comme boulets pleins, l'éclatement ne se produisant qu'après des ricochets irréguliers ou quand l'obus s'est enterré, si la distance est assez grande. Contre les obstacles résistants, cette fusée en bois se brise au choc et fait alors l'office de fusée percutante.

L'obus de 12ᶜ et de 9ᶜ fournissent en moyenne 30 éclats meurtriers jusqu'à 100 mètres environ du point d'éclatement; l'explosion doit se produire en l'air, et les effets sont sensiblement nuls quand la portée dépasse 1 500 mètres pour le 12ᶜ et 1 200 mètres pour le 9ᶜ; il en est de même quand l'obus est enterré au point de chute. Au repos, les éclats sont projetés à 4 ou 500 mètres.

Avec le canon de campagne, les obus cessent de ricocher entre 2 000 et 2 500 mètres; au delà, ils commencent à s'enterrer; et comme la portée utile n'est pas la portée

---

([1]) La plupart des données et tableaux qui suivent sont extraits du *Manuale* du capitaine *Rognetta*.

limite, mais celle où l'on a encore une probabilité d'atteindre suffisante, on peut admettre qu'on ne doit pas ouvrir le feu à plus de 1 500 mètres contre des troupes déployées, de 2 000 mètres contre une colonne, et de 2 500 à 2 800 mètres contre de grandes masses.

On peut encore tirer à 3 300 mètres sur un village, mais plutôt pour inquiéter ses défenseurs que pour causer un réel dommage ; enfin, lorsqu'il s'agit de l'installation d'un camp, etc., on peut tirer jusqu'à une distance de 4 200 à 4 500 mètres.

Les Italiens font usage du tir plongeant pour battre et détruire le matériel abrité derrière des masses couvrantes, entre les limites de 300 à 1 200 mètres pour le 12°, de 400 à 1 000 mètres pour le 9°, et de 400 à 900 mètres pour le 8°.

Ils emploient également un tir spécial à charge réduite, dit *tir en bombe*, destiné à faire éclater l'obus au-dessus de l'ennemi, quand celui-ci n'est pas à bonne distance pour l'éclatement avec le tir de plein fouet, ou quand il est couvert par des obstacles naturels ou artificiels ; on peut exécuter ce tir jusqu'à 2 500 mètres pour le 12° et le 9°, et jusqu'à 1 400 mètres pour le 8°. Avec ce dernier calibre, le tir de plein fouet ne doit pas se faire au delà de 2 000 mètres : les ricochets cessent entre 1 400 et 1 600 mètres, mais l'obus ne s'enfonce pas à cause de sa faible masse. La portée limite est de 2 700 à 2 800 mètres.

Les principales données relatives au tir de plein fouet des canons de campagne sont comprises dans le tableau suivant :

DISTANCE	ANGLE		ESPACE battu à 2m de haut.	VITESSE.	ÉCART MOYEN		
	de tir.	de chute.			en hauteur.	en portée.	en direction.

CANON DE 12ᶜ B. R.

Poids de l'obus, 11ᵏ,136.   Poids de la charge, 1ᵏ,200.

DISTANCE	de tir.	de chute.	ESPACE	VITESSE	en hauteur.	en portée.	en direction.
0ᵐ	0° 0′	0° 0′	mètres.	$V = 311^m$	mètres.	mètres.	mètres.
500	1 30	1 42	70	$v = 289$	0,75	»	0,66
1000	3 10	3 46	30	261	1,63	»	1,44
1500	5 4	6 18	18	230	2,73	»	2,31
2000	7 35	9 24	12,1	200	»	29,00	3,22
2500	10 44	13 26	»	174	»	33,90	4,32
3000	14 10	19 0	»	153	»	38,70	5,60
3200	15 38	21 46	»	147	»	41,20	6,16

CANON DE 9ᶜ B. R.

Poids de l'obus, 4ᵏ,500.   Poids de la charge, 0ᵏ,900.

DISTANCE	de tir.	de chute.	ESPACE	VITESSE	en hauteur.	en portée.	en direction.
0ᵐ	0° 0′	0° 0′	mètres.	$V = 408^m$	mètres.	mètres.	mètres.
500	0 55	1 7	102,6	$v = 284$	1,07	»	1,33
1000	2 34	3 22	34,0	218	2,16	»	2,67
1500	4 46	6 52	16,6	178	3,35	29,9	4,30
2000	7 26	11 44	9,6	152	4,79	31,8	7,00
2500	10 48	18 47	5,9	136	»	34,6	11,10
3000	15 22	28 55	»	128	»	38,2	16,20
3200	17 32	34 3	»	126	»	40,0	18,50

CANON DE 8ᶜ B. R.

Poids de l'obus, 2ᵏ,950.   Poids de la charge, 0ᵏ,300.

DISTANCE	de tir.	de chute.	ESPACE	VITESSE	en hauteur.	en portée.	en direction.
0ᵐ	0° 0′	0° 0′	mètres.	$V = 268^m$	mètres.	mètres.	mètres.
500	1 12	2 25	47,4	$v = 221$	1,04	»	0,84
1000	4 16	6 0	19,0	188	3,06	31,5	1,77
1500	8 37	11 25	9,9	164	»	44,5	3,25
2000	14 18	19 0	»	145	»	74,0	5,92

Le tableau suivant indique les pénétrations des obus de campagne dans les terres à différentes distances :

CANON de	CHARGE	PÉNÉTRATION DANS LES TERRES AUX DISTANCES DE							
		150ᵐ	300ᵐ	350ᵐ	500ᵐ	700ᵐ	1000ᵐ	1100ᵐ	2000ᵐ
12ᶜ B. R ...	1ᵏ,200	2,30 [1]	»	»	0,80 [2]	»	»	»	2,30 [3]
9ᶜ B. R ...	0ᵏ,900	»	0,97 [3]	1,27 [4]	1,74 [1]	1,01 [4]	0,92 [3]	0,48 [4]	»
8ᶜ B. R ...	0ᵏ,300	»	»	1,00	»	»	»	»	»

[1] Terre argileuse. — [2] Sable fin. — [3] Terre argileuse, mêlée de sable et de cailloux. — [4] Sable.

Le tir des canons de siége, de place et de côte, se rapproche beaucoup de celui des pièces correspondantes du système français, canons de 12 de place et de 30 de côte. Aussi ne reproduit-on que les données les plus essentielles :

Tir de plein fouet.

DISTANCES.	16ᶜ G. R. Obus de 29ᵏ,6.		16ᶜ G. R. (¹) à 2 rayures Obus de 30ᵏ.		12ᶜ G. R. Obus de 11ᵏ,136.				Observations.
	Charge.	Angle.	Charge.	Angle.	Charge.	Angle.	Charge.	Angle.	
m.	kil.		kil.		kil.		kil.		
500	3,20	»	2,00	1°8	2,00	0°3	1,50	0°3	Les angles sont donnés en degrés et ¹/₅₀ de degré.
1000	»	1°6	»	4°0	»	1°7	»	1°9	
1500	»	3°4	»	6°4	»	3°3	»	4°1	(¹) La portée maxima de 4.200 mètres correspond à l'angle de 29°9.
2000	»	5°4	»	9°0	»	5°3	»	6°5	
2500	»	7°5	»	11°8	»	7°7	»	9°4	
3000	»	9°9	»	15°1	»	10°7	»	12°7	
3500	»	12°7	»	19°7	»	14°5	»	16°8	
4000	»	15°7	»	26°4	»	»	»	»	
4500	»	19°3	»	»	»	»	»	»	
5000	»	24°0	»	»	»	»	»	»	

Tir en bombe.

DISTANCE	16ᶜ G. R.				12ᶜ G. R.		Observations.
	Angle.	Charge	Angle.	Charge	Angle.	Charge	
m.		kil.		kil.		kil.	
500	30°	0,260	45°	0,235	22°	0,150	Avec le canon de 16ᶜ, sous l'angle de 30°, la pénétration de l'obus au point de chute est de 0ᵐ,50 à 800 mètres, et atteint 1ᵐ,30 à 3.200 mèt.
1000	»	0,500	»	0,450	»	0,285	
1500	»	0,730	»	0,665	17°	0,475	
2000	»	0,965	»	0,880	15°	0,710	
2500	»	1,220	»	1,110	11°	1,205	
3000	»	1,490	»	1,350	»	»	
3400	»	1,720	»	1,550	»	»	

Les vitesses initiales sont de **333** mètres pour le canon de 16ᶜ G. R. à la charge de 3ᵏ,200, et de **345** mètres pour le canon de 12ᶜ G. R. à la charge de 1ᵏ,500.

Le canon de 16ᶜ G. R. C. de côte lance l'obus de 16ᶜ ou un obus de rupture en acier massif ; les éléments du tir sont les suivants :

Canon de 16ᵉ G. R. C.

OBUS DE 29ᵏ,6.		BOULET MASSIF.			Observations.
Distance	Charge 6ᵏ⁹. Angles.	Distance	Charge 7ᵏ0. Hausses.	Charge 8ᵏ0. Hausses.	
m		m	mm	mm	
500	0°9	50	5	4	Les angles sont donnés en de-
1000	1 9	100	6	5	grés et ¹/₁₀ de degré.
1500	3 2	200	11	10	Avec les hausses, on peut faci-
2000	4 7	500	28	25	lement obtenir les angles corres-
2500	6 3	1000	61	53	pondants en se reportant au ta-
3000	8 1	1200	75	66	bleau de la page 273, qui donne
3700	10 7				la longueur de la ligne de mire.

Depuis l'adoption de la *poudre en dés* pour le service de l'artillerie à grande puissance, on a trouvé que le boulet massif pouvait être tiré avec une charge de 11 kil. de cette poudre. Avec cette charge, destinée surtout au tir contre les navires cuirassés, on obtiendrait les résultats suivants :

DISTANCES.	0ᵐ	500ᵐ	1000ᵐ	1500ᵐ	
Vitesses.................	400ᵐ	366ᵐ	337ᵐ	313ᵐ	Les forces vives sont
Force vive par centimètre de circonférence........	7ᵐᵗ4	6ᵐᵗ2	5ᵐᵗ3	4ᵐᵗ5	évaluées en mètres-tonnes de 1 000 kilog.

Il résulte de là qu'à 500 mètres le canon de 16ᵉ G. R. C. percerait encore probablement les cuirasses des types *Warrior* et *Minotaur*. (Pl. XI, fig. 23 et 24.) La muraille du premier se compose d'une plaque de 11ᶜ,4, d'un matelas en *teck* de 45ᶜ,7, et d'une coque intérieure de 1ᶜ,6; la muraille du second comprend une plaque de 14ᶜ, un ma-telas en *teck* de 22ᶜ,9, et une coque de 1ᶜ,6. Mais aujourd'hui ce canon serait tout à fait impuissant contre les cuirassés de premier rang des marines européennes. Aussi cherche-t-on à le remplacer par un canon de 24ᵉ G. R. C., se chargeant par la culasse, et même par des canons de calibres encore plus élevés ([1]).

On donnera enfin, à titre de renseignement, quelques

([1]) Le canon de 24ᵉ fera l'objet d'une nouvelle notice aussitôt qu'on aura pu en obtenir les éléments.

résultats relatifs au *tir en brèche*, empruntés aux expériences faites à Laveno, en 1864, contre le *Forte Cerro*.

Tir en brèche.

CANONS.	CHARGE.	Pénétration moyenne.			Diamètre de la base de l'entonnoir.			Rayon d'ébranlement apparent.	Nécessaire pour faire 1mc de brèche.			Temps à raison de 10 coups par heure.
		Revêtement en granit.	MUR EN pierre.	briques.	Revêtement en granit.	MUR EN pierre.	briques.		Nombre de coups.	Poudre (¹).	Fonte.	
	kil	m	m	m	m	m	m	m		kil	kil	h m
16ᶜ G. R. C. boulet massif	7,000	0,40	0,85	»	0,80	0,30	»	3,00	9,26	64,81	462,96	0 56
16ᶜ G. R. C. à obus..	6,000	0,35	0,75	»	0,70	0,55	»	2,00	2,51	17,56	78,45	0 15
16ᶜ G. R.	3,200	0,35	0,70	»	0,60	0,45	»	1,75	4,69	19,55	133,93	0 28
12ᶜ G. R.	1,500	0,15	0,50	0,75	0,50	0,30	0,60	1,00	26,67(²)	53,34	296,04	2 40
12ᶜ B. R.	1,200	0,13	0,46	0,72	0,50	0,30	0,60	1,20	14,30	24,02	158,73	0 29
9ᶜ B. R.	0,900	0,09	0,26	0,55	0,30	0,20	0,45	0,80	9,60	11,52	40,82	0 13
8ᶜ B. R.	0,300	0,02	»	0,22	0,10	»	0,35	0,50	72,09	36,05	198,25	1 36

(¹) Y compris la charge intérieure de l'obus.
(²) Expérience faite sur 6 coups seulement.

On doit, toutefois, faire observer que les quantités, indiquées comme nécessaires pour exécuter 1 mètre cube de brèche, ont été déduites dans certains cas d'un trop petit nombre de coups pour être absolument exactes ; et qu'en général ces quantités sont d'autant plus petites qu'elles résultent d'un plus grand nombre de coups : la distance du tir a varié de 7ᵐ,5 à 70 mètres.

V. ORGANISATION.

Les Italiens ont fait, depuis leur unification, de patriotiques efforts pour mettre promptement leurs jeunes troupes au niveau de celles qui tiennent le premier rang en Europe : sous l'énergique impulsion de ministres intelligents, secondés par un corps d'officiers dévoués, l'excellente petite armée piémontaise s'est transformée en absorbant les jeunes générations de la péninsule entière ; et l'armée italienne est de celles avec lesquelles on doit sérieusement compter. Pendant cette période, l'artillerie a passé par une série d'organisations successives, tantôt imitées du système français, tantôt, au contraire, se rapprochant plus ou moins du système prussien. Quoi qu'il en soit, depuis le mois de novembre 1870, l'artillerie forme un corps unique embrassant les divers services de l'arme, troupes et établissements, et chargé en outre, à l'armée, des transports de toute nature. Cette disposition, qui est particulière à l'armée italienne et qui réalise l'unification des trains réclamée par certains officiers, mérite d'être signalée; mais on doit reconnaître qu'elle est, en Italie même, l'objet de critiques très-justes et d'attaques fort vives.

Les troupes de l'artillerie comprennent : l'état-major particulier, 1 régiment de pontonniers portant le n° 1, 10 régiments d'artillerie (n°ˢ 2 à 11), 2 compagnies d'ouvriers, 2 compagnies d'artificiers, 1 compagnie d'armuriers et 1 compagnie de vétérans. Chaque régiment se compose de 9 batteries montées, 4 compagnies de place, 1 batterie de dépôt et 3 compagnies du train (¹).

L'effectif de ces batteries ou compagnies, sur le pied de paix, est indiqué par le tableau suivant :

GRADES.	BATTERIE montée.	COMPAGNIE de place.	COMPAGNIE de pontonniers.	COMPAGNIE du train.	Observations.
Capitaine.................	1	1	1	1	
Lieutenants ou s.-lieutenants	3	3	3	3	
Fourrier (¹)...............	1	1	1	1	
Maréchaux des logis.........	6	5	7	5	
Brigadier-fourrier........ ..	1	1	1	1	(¹) Maréchal des logis chef.
Brigadiers.................	9	9	10	9	
Trompettes	3	3	3	3	(²) Dans le régiment de pontonniers, chacune des 2 compagnies du train a 73 hommes au lieu de 65.
Maréchal..................	1	»	»	1	
Bourrelier.................	1	»	»	1	
Soldats { de 1ʳᵉ classe	9	8	10	} (65, ²)	
de 2ᵉ classe	71	63	74		
Totaux.........	102	90	106	86	
Chevaux...................	45	»	»	30	

(¹) Le régiment n° 7 a une *batterie d'instruction* pour la formation des sous-officiers.

Un régiment fournit toute l'artillerie d'un corps d'armée de deux divisions; les 10 régiments composent donc exactement l'artillerie nécessaire pour les 20 divisions qu'on peut former avec les 80 régiments d'infanterie, les 40 bataillons de *bersaglieri* [1] et les 20 régiments de cavalerie que compte actuellement l'armée italienne.

D'après un nouveau projet, actuellement soumis à l'examen des Chambres, les régiments devraient être portés à 10 batteries montées, 6 compagnies de place, 1 dépôt et 3 compagnies du train : les pontonniers seraient versés dans le génie; mais cette dernière mesure n'est généralement pas accueillie avec faveur. On aurait ainsi 100 batteries de campagne; plus tard, et à mesure que les ressources le permettraient, ce nombre serait porté à 125, et on créerait en outre des compagnies d'artillerie de côte.

D'après ce dernier projet, les régiments, sur le pied de paix, auraient un effectif de 1 900 hommes et 570 chevaux; sur le pied de guerre complet, l'effectif atteindrait 5 300 hommes et 3 400 chevaux. On comprend facilement quelles difficultés un écart aussi considérable amènerait dans la mobilisation de l'artillerie, surtout en l'absence d'un réseau complet de voies de communications rapides, dans un pays configuré comme le territoire italien.

L'adjonction à l'artillerie d'un corps unique du train, chargé de tous les services de transports accessoires, sera aussi une source de gros embarras. A l'entrée en campagne, les états-majors, l'intendance, la trésorerie, les ambulances, etc., réclameront et obtiendront tout d'abord les moyens de transport qui leur sont affectés, au grand détriment des parcs, colonnes de munitions et équipages, qu'on se trouvera alors forcé de ne mobiliser que plus tard, à mesure que les ressources le permettront. L'instruction du 1er février 1872 a cherché à obvier autant que possible à ces divers inconvénients, en fixant homme par

---

[1] Ces 40 bataillons sont groupés en 10 régiments, et, en cas de mobilisation, 2 bataillons sont attachés à chaque division.

homme et voiture par voiture, les droits de chacun, et en précisant les moyens suivant lesquels doit s'opérer la mobilisation.

Dans l'impossibilité de faire passer subitement toute l'artillerie du pied de paix au pied de guerre, l'instruction, pour le cas d'une mobilisation générale de l'armée, fait passer la plupart des éléments constitutifs de l'artillerie, batteries ou compagnies du train, par trois formations successives bien définies et réglées à l'avance. On pourrait sans doute critiquer certains points de cette instruction qui réglemente jusqu'aux plus minutieux détails des effectifs; mais on doit lui reconnaître au moins l'immense mérite d'avoir organisé d'avance cette opération si compliquée et toujours critique de la mobilisation, au lieu de laisser à chacun, dans un moment de trouble et de confusion inévitables, le soin de se tirer d'affaire le mieux possible. A ce point de vue pratique, l'instruction du 1er février 1872 sur la mobilisation de l'artillerie, inspirée par les instructions prussiennes du même genre, mérite d'être sérieusement étudiée et méditée.

Dans les armées en campagne, l'artillerie est répartie entre les divisions, les corps d'armée, les armées et le grand quartier général.

A chaque division sont attachées :

3 batteries de campagne de 9ᶜ, formant brigade;
1 parc divisionnaire;
1 compagnie du train.

A chaque corps d'armée de deux divisions sont attachés :

3 batteries de réserve de 9ᶜ ou de 12ᶜ, formant brigade;
1 parc de corps d'armée;
1 équipage de ponts de corps d'armée, s'il y a lieu;
1/2 compagnie du train.

Le nombre des batteries de réserve peut être porté à 4 et même à 5 batteries, quand le corps comprend 3 divisions.

Le quartier général de chaque armée et le grand quartier général ont également chacun à leur disposition une demi-compagnie du train; elle est, comme dans les corps d'armée, chargée d'assurer tous les services de transports généraux, tels que ceux des bagages du quartier général et de l'état-major particulier de l'artillerie, du trésor, de la poste, des ambulances et des subsistances.

En outre, une armée peut être éventuellement pourvue d'un équipage de ponts d'armée et de quelques autres services spéciaux de l'artillerie, suivant les opérations auxquelles elle peut être appelée à concourir.

Batteries divisionnaires ou de réserve. — Dans toute division et dans toute brigade d'artillerie de réserve de corps d'armée, l'artillerie est sous le commandement d'un *chef d'escadron*, commandant la brigade d'artillerie. Lorsqu'un plus grand nombre de batteries sont mobilisées, elles sont formées, dans chaque division ou réserve de corps, en brigades de 2, 3 ou 4 batteries, selon le cas; et si 2 ou plusieurs brigades doivent rester réunies, on les place sous le commandement d'un *colonel* ou d'un *lieutenant-colonel*.

Les batteries de 9^c et de 12^c, entre le pied de paix et le pied de guerre complet, passent par trois formations successives. Dans chaque formation, le personnel est le même pour l'une ou l'autre batterie; le matériel seul diffère.

La composition des batteries, dans les trois formations, ressort des tableaux suivants :

Matériel attelé.

VOITURES.	Batterie de 9e formations			Observations.	Batterie de 12e formations			Observations.
	1re	2e	3e		1re	2e	3e	
Canons...........	4	6	8	La batterie est approvisionnée à 1 600 coups, soit 200 coups par pièce, dont 164 à obus et 36 à mitraille.	4	6	6	La batterie est approvisionnée à 864 coups, soit 144 coups par pièce, dont 132 à obus et 12 à mitraille.
Caissons...........	4	6	8		4	6	10	
Chariots de batterie	2	2	3		2	2	3	
Forge de campagne.	1	1	1		1	1	1	
Totaux.....	11	15	20		11	15	20	

Batterie de 9ᶜ ou de 12ᶜ. — Personnel.

GRADES.	1ʳᵉ formation.			2ᵉ formation.			3ᵉ formation (pied de guerre)			Observations.
	Officiers.	Troupe.	Chevaux.	Officiers.	Troupe.	Chevaux.	Officiers.	Troupe.	Chevaux.	
Capitaine.................	1			1			1			Dans les effec-
Officiers subalternes........	2			2			3			tifs ne sont pas
Fourrier et brigadier-fourr..		2			2			2		compris les che-
Maréchaux des logis........		4			5			6		vaux d'officiers,
Brigadiers..............		9			12			16		tous les officiers
Trompettes..............		2			2			3		se remontant à
Maréchal et bourrelier.....		2			2			2		leurs frais.
Canonniers..............		76			132			171		Cette observa-
Chevaux de selle..........			11			14			17	tion s'applique
Chevaux de trait..........			62			92			124	également à tous
Totaux........	3	95	73	3	155	106	4	200	141	les tableaux qui suivent.

Pour certaines opérations particulières, on peut avoir à former des batteries de 8ᶜ de montagne : elles sont servies par les compagnies d'artillerie de place, auxquelles on donne, dans ce cas, les mulets nécessaires. La batterie se divise en *batterie de manœuvre* ou *de combat* et *colonne de munitions* : elle passe directement sur le pied de guerre sans prendre de formation intermédiaire et a alors un effectif de 200 hommes de troupes et 100 mulets de bât, dont 130 hommes et 55 mulets à la batterie, le reste à la colonne. Le matériel est réparti de la manière suivante :

BOUCHES A FEU ET APPROVISIONNEMENTS.	BATTERIE.	COLONNE.	TOTAL.	Observations.
Canons rayés de 8ᶜ (sans affût)	6	»	6	La batterie est approvisionnée à 900
Affûts avec limonière....	7	»	7	coups, soit 150 coups par pièce, dont
Caisses à munitions......	48	42	90	135 à obus et 15 à mitraille.
Caisses pour cartouches...	»	30	30	La colonne transporte en outre 26 400
Caisses pour la forge......	2	»	2	cartouches.
Caisses pour objets divers..	10	4	14	

Parcs. — Tout le personnel nécessaire au service et à la traction des *parcs divisionnaires* et *des parcs de corps d'armée* est tiré exclusivement des compagnies du train des régiments d'artillerie, et fourni par les *compagnies attachées à chaque division*. Les parcs divisionnaires ne transportent que des munitions d'infanterie ; les parcs de corps d'armée transportent à la fois des munitions d'artillerie et des munitions d'infanterie, et se composent d'autant de *sections de parc* qu'il y a de divisions dans le corps. La compagnie du train affectée à chaque division pourvoit au service du parc divisionnaire et de la section de parc du corps d'armée correspondante à la division ; elle fournit en outre le personnel et le matériel nécessaires pour les transports de l'état-major, de l'intendance, de l'ambulance et du service des subsistances de la division. On voit déjà apparaître nettement ici les inconvénients qui, pour le service de l'artillerie, résultent de la multiplicité des fonctions du train unique. La compagnie en effet, pour sa mobilisation, passe par les trois formations successives : dans la première, elle est tout entière affectée aux services généraux, et n'attèle ni parc divisionnaire ni section de parc ; dans la deuxième, elle n'attèle encore qu'une partie du parc divisionnaire, sans section de parc de corps, conformément aux indications des tableaux suivants :

Compagnie du train attachée à une division.

PERSONNEL ET MATÉRIEL.	Transports généraux. 1re formation.	2e FORMATION.			3e FORMATION (pied de guerre).			
		Transports généraux.	Parc divisionnaire.	Total.	Transports généraux.	Parc divisionnaire.	Section du parc.	Totaux.
Officiers...................	2	3	2	5	3	2	1	6
Vétérinaires................	1	1	1	2	1	1	»	2
Troupe.....................	84	120	90	210	145	123	154	422
Chevaux....................	115	169	86	255	215	138	208	561
Canons de 9ᶜ sur affût........	»	»	»	»	»	»	2	2
Caissons de 9ᶜ...............	»	»	»	»	»	»	10	10
Caissons de cartouches........	»	»	12	12	»	24	12	36
Chariots de batterie..........	»	»	»	»	»	»	3	3
Caissons à 2 roues { pour canon de 9ᶜ..	»	»	»	»	»	»	12	12
pour cartouches...	»	»	»	»	»	»	12	12
Forges de campagne..........	3	3	1	4	3	1	1	5
Voitures diverses............	22	35	4	39	45	4	6	55
Totaux des voitures....	25	38	17	55	48	29	58	135

1º Le parc divisionnaire est commandé par le capitaine de la compagnie.

2º La réserve de la compagnie en hommes, chevaux et matériel, est répartie entre le parc divisionnaire et la section de parc.

3º Le parc divisionnaire porte 504 000 cartouches, si les coffres sont des modèles 1844 et 1863, et 580 880 si les coffres sont du modèle 1850.

4º La section de parc porte 3 200 coups pour canon de 9ᶜ. — Elle porte en outre 492 000 ou 505 440 cartouches, selon le modèle des coffres.

5º Parmi les voitures diverses, la voiture à pain porte 1 600 rations.

6º Le caisson à 2 roues est encore à l'étude : il pourra contenir environ 140 coups de 9ᶜ ou 20 000 cartouches.

Quand une division doit opérer isolément, en dehors du commandement du corps d'armée, quand elle doit être longtemps détachée du corps auquel elle appartient, ou qu'elle passe d'un corps à un autre, la section de parc correspondante la suit : elle reste, dans les deux premiers cas, sous les ordres du commandant de l'artillerie de la division, et passe, dans le troisième, sous les ordres du commandant du parc du corps auquel la division se trouve attachée. On doit remarquer qu'il n'y a pas de section de parc correspondant à la brigade d'artillerie de réserve du corps d'armée : celle-ci se réapprovisionne, suivant les cas, aux diverses sections qui composent le parc du corps.

Colonnes de munitions. — Ces dernières sections ne transportent pas de munitions pour les batteries de 12ᶜ ou de 8ᶜ. Pour y suppléer, chaque batterie de 12ᶜ de campagne ou de 8ᶜ de montagne est suivie d'une *colonne de munitions* distincte, pour la batterie de 8ᶜ, de la colonne dont on a parlé plus haut. Le personnel est fourni par les compagnies du train, chaque colonne étant commandée par un sous-officier : quand les batteries sont attachées à un corps d'armée, leurs colonnes sont réunies au parc de ce corps ; lorsqu'au contraire elles forment une réserve indépendante, composée de plusieurs batteries, leurs colonnes sont réunies ensemble et constituent un parc spécial auquel on ajoute, suivant le cas, une forge de campagne ou de cavalerie : un officier en prend alors le commandement.

La composition des colonnes est la suivante :

Colonne de munitions.

PERSONNEL ET MATÉRIEL.	D'une batterie de 12c de campagne.			PERSONNEL ET MATÉRIEL.	D'une batterie de 8c de montagne.		
	Hommes.	Chevaux.	Voitures.		Hommes.	Chevaux.	Voitures.
Troupe (¹)	35	46	»	Troupe (²).	29	30	»
Canons de 12c sur affût	»	»	1	Canons de 8c sur affût..	»	»	1
Caissons de 12c......	»	»	8	Caissons de 8c à 2 roues	»	»	2
Chariots de batterie...	»	»	1	Caissons pour cartouches (à 2 roues).........	»	»	8
				Voiture à 2 roues	»	»	1
Totaux.....	35	46	10	Totaux......	29	30	12

(¹) La colonne transporte 600 coups de canon, dont 550 à obus et 50 à mitraille.
(²) Le caisson à 2 roues est encore à l'étude; il devra contenir environ 220 coups de 8c ou 20 000 cartouches.

Parcs d'armée. — On peut, dans une armée, constituer un *parc d'armée* pour alimenter et réapprovisionner les parcs des corps et les colonnes de munitions. La formation et la composition de ces parcs est déterminée, suivant les circonstances. Le commandement et l'administration en sont confiés, avec toutes les attributions et les pouvoirs d'une direction territoriale, à une *Direction d'artillerie* qui comprend : 1 colonel ou lieutenant-colonel, directeur, 5 officiers et 10 employés. Le directeur a sous ses ordres : 1° une brigade d'artillerie de place, de deux ou plusieurs compagnies, suivant l'importance du parc : le major commandant la brigade remplit les fonctions de sous-directeur ; 2° une compagnie du train ; 3° un détachement d'ouvriers, commandé par un officier ; 4° un détachement d'artificiers, commandé par un officier.

Pour une armée forte de 6 à 8 divisions, le parc comprend environ 4 sections de parc (voir p. 446); il est ordinairement attelé par le train auxiliaire. La compagnie du train fournit plus spécialement tous les autres services de transport du parc et de la troupe qui y est attachée; elle ne passe pas par les formations successives et comprend, sur le pied de guerre, 5 officiers, 2 vétérinaires, 444 hommes de troupes et 625 chevaux.

Équipages de pont. — Leur composition est la suivante :

PERSONNEL ET MATÉRIEL.	Équipage de pont de corps d'armée (environ 150ᵐ de pont, mˡᵉ 1856).				Équipage de pont d'armée (environ 200ᵐ de pont, mˡᵉ 1850).			
	Pontonniers.	Hommes.	Chevaux.	Voitures.	Pontonniers.	Hommes.	Chevaux.	Voitures.
		TRAIN.				TRAIN.		
Officiers	4	1			4	1		
Troupe.	150	85	137		210	127	208	
Haquets mˡᵉ 1860 { pour bateau, poutrelles et tablier . .				23				37
pour chevalets. . . .				3				2
Chariots de batterie				2				3
Chariots de parc				1				2
Forges de campagne outillées				1				2
Totaux.	154	86	137	30	214	128	208	46

Observations. — Quand le parc d'armée est attelé par le train auxiliaire, il en est de même de l'équipage. Les compagnies de train du régiment de pontonniers fournissent seulement dans ce cas le personnel nécessaire pour former les cadres.

Services divers. — Les demi-compagnies du train attachées aux corps d'armée, aux quartiers généraux d'armée et au grand quartier général, pour leurs divers services de transport, passent par les trois formations successives : leur composition, dans chaque cas, est réglée de la manière suivante :

PERSONNEL ET MATÉRIEL.	1/2 COMPAGNIE DU TRAIN ATTACHÉE								
	à un corps d'armée.			au quartier général d'une armée.			au grand quartier général.		
	1ʳᵉ formation.	2ᵉ formation.	3ᵉ formation (pied de guerre).	1ʳᵉ formation.	2ᵉ formation.	3ᵉ formation (pied de guerre).	1ʳᵉ formation.	2ᵉ formation.	3ᵉ formation (pied de guerre).
Officiers	1	2	2	1	2	2	1	2	2
Vétérinaires. .	1	2	3	2	2	2	1	1	2
Troupe	62	124	169	56	100	121	87	128	172
Chevaux	76	152	210	72	128	160	109	171	232
Voitures	15	30	42	16	29	35	24	36	48

Commandement. — Dans chaque corps d'armée, l'artillerie est sous les ordres d'un *colonel* ou *lieutenant-colonel*, commandant l'artillerie du corps : il a, pour le seconder, 1 major et trois officiers, plus 12 secrétaires, plantons ou ordonnances, avec 4 chevaux. Le major prend le commandement du parc de corps, quand les sections sont réunies, ainsi que celui de l'équipage de pont, quand l'organisation en comporte. Dans une armée composée de plusieurs corps d'armée, l'artillerie est commandée par un *général de brigade :* il a auprès de lui 1 officier supérieur, chef d'état-major, 5 officiers adjoints et 22 secrétaires, plantons ou ordonnances, avec 7 chevaux. Enfin, au grand quartier général, se trouve un *général de division*, commandant supérieur de l'artillerie des armées : il a auprès de lui 1 colonel ou lieutenant-colonel, chef d'état-major, 2 officiers supérieurs, 6 officiers adjoints et 31 secrétaires, plantons ou ordonnances, avec 11 chevaux.

Établissements de l'artillerie. — Les établissements n'ont pas un personnel distinct : il s'établit un roulement entre eux et les corps de troupes. On trouve à la tête de l'armée un comité consultatif dont le rôle et les attributions sont à peu près les mêmes qu'en France.

Les établissements sont les suivants :

2 arsenaux, à Naples et à Turin ;

3 manufactures d'armes, à Brescia, à Turin et à Torre-Annunziata ;

2 fonderies, à Naples et à Turin ;

1 atelier de précision, } à Turin ;
1 atelier de pyrotechnie, }

2 poudreries, à Fossano et à Scafati ;

1 salpêtrerie, } à Gênes ;
1 raffinerie, }

Enfin 12 directions territoriales qui sont chargées de conserver, réparer et délivrer le matériel.

Dans le nouveau projet d'organisation, on ajouterait des ateliers de pyrotechnie à Bologne et à Capoue, une fonderie à Venise et un arsenal à Florence.

Les officiers d'artillerie sortent de l'Académie militaire de Turin, établissement analogue à notre École polytechnique, mais ne donnant pas accès aux carrières civiles; ils se recrutent aussi parmi les sous-officiers de l'arme. Les jeunes gens peuvent se présenter à l'Académie de 15 à 20 ans; la durée des cours y est de trois ans pour l'artillerie et le génie. Les élèves vont ensuite passer deux ans à l'École d'application de Turin. Les jeunes gens, au contraire, qui s'engagent et qui aspirent à l'épaulette, vont d'abord à l'École de Modène pendant deux ans, avec les sous-officiers des autres armes. Ils perfectionnnent ensuite leur instruction dans un cours complémentaire de six mois.

A. JOUART, *capitaine d'artillerie*,
Aide de camp du général DE FÉNELON.

TABLE DES MATIÈRES

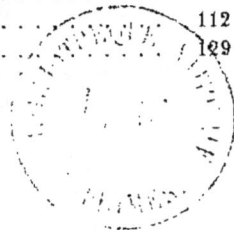

Nancy et Paris, Berger-Levrault et Comp.

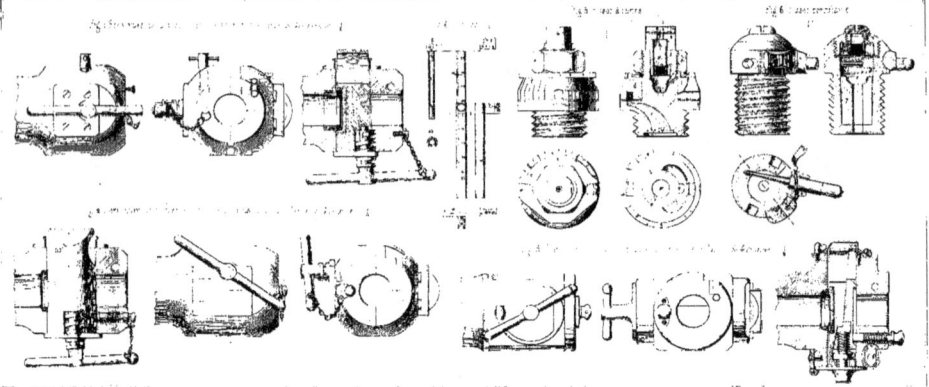

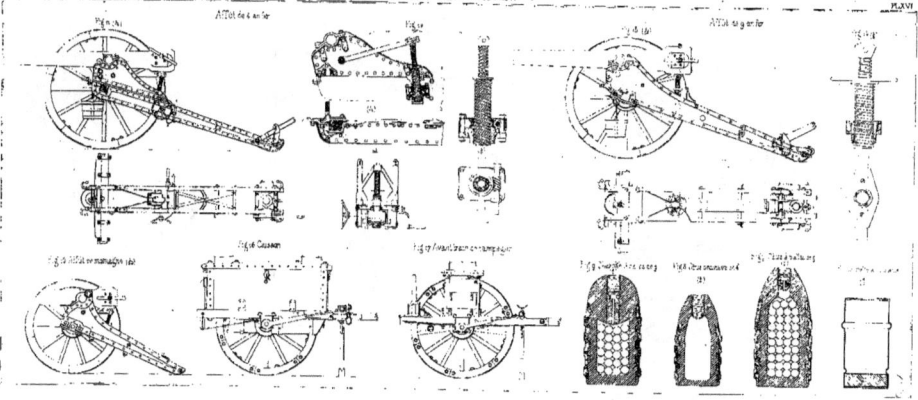

ARTILLERIE RUSSE

PLXVI

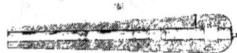

Pl. II

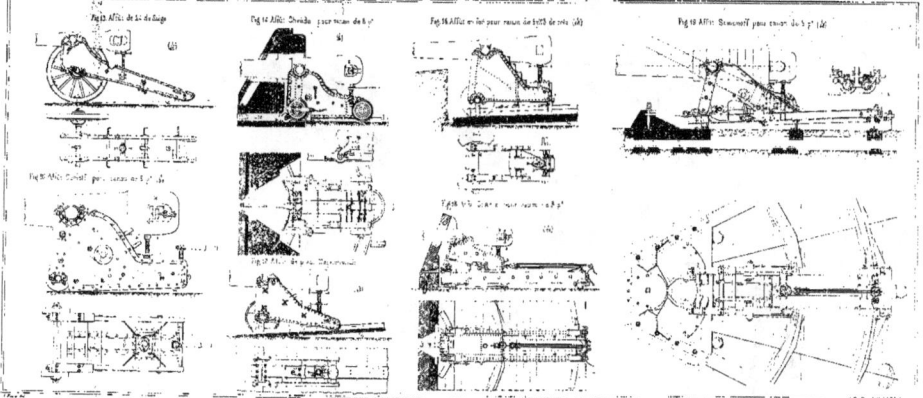

Fig. 11 Affût de 4 de siège

Fig. 12 Affût Bronodto pour canon de 8 p.

Fig. 14 Affût en fer pour canon de 1/2 à 8 de siège (id.)

Fig. 13 Affût Semonoff pour canon de 3 p. (id.)

Fig. 15 Affût Semonoff pour canon de 4 p.

Fig. 15 bis Affût à pivot Semonoff

Fig. 15 bis Canon à tube mobile de 3 p.

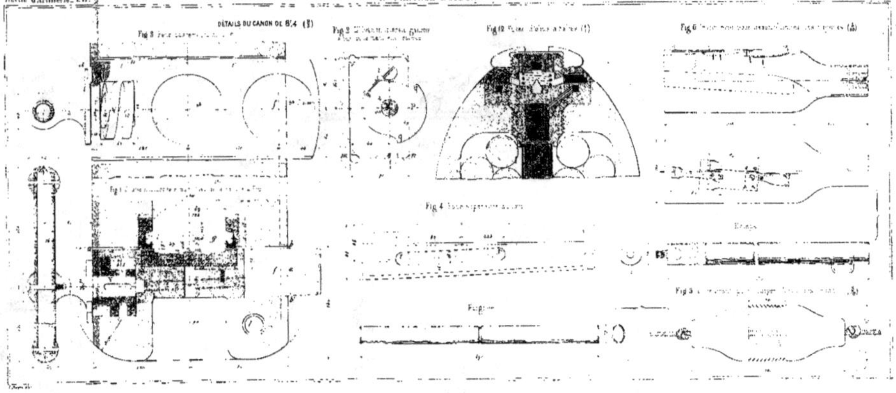

DÉTAILS DU CANON DE 8/4 (⅛)

Fig. 3   Fig. 2   Fig. 1

Fig. 4

Fig. 5

Fig. 6

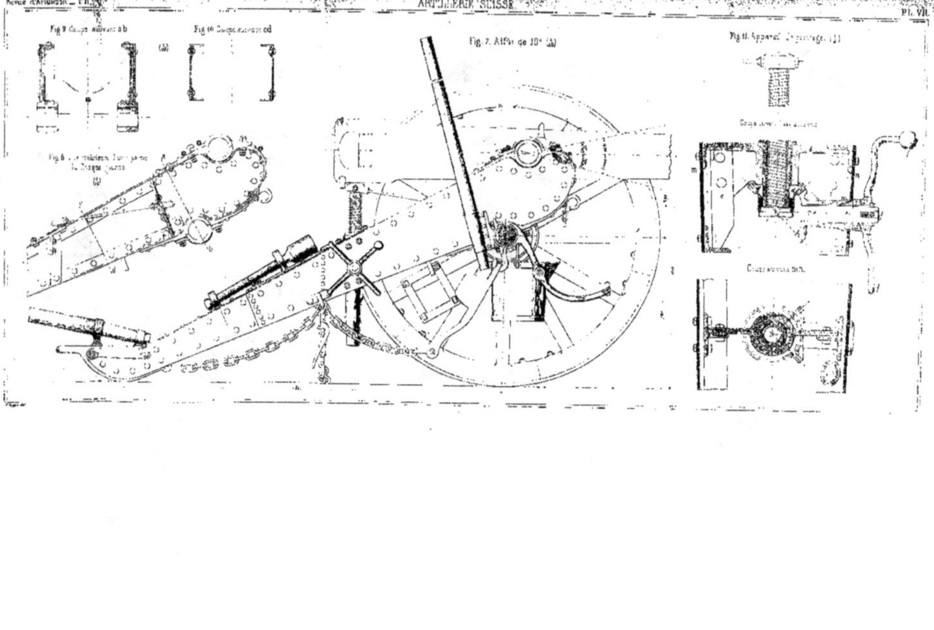

Fig. 9 Coupe suivant a b   Fig. 10 Coupe suivant c d   (A)

Fig. 8. Fig. 7. Affût de 10° (A)

Fig. 11 Appareil de pointage (11)

Fig 1ᵉ Timon brisé et porte-corps.   Fig 3. Avant train du caisson M⁰ 1844.   Fig 2 Traineau.   Fig 10. Affût à fermeture.   Fig 13 Avant train de campagne. Mˡᵉ Cavalli.

Fig 2.

Fig 6. Affût de campagne.

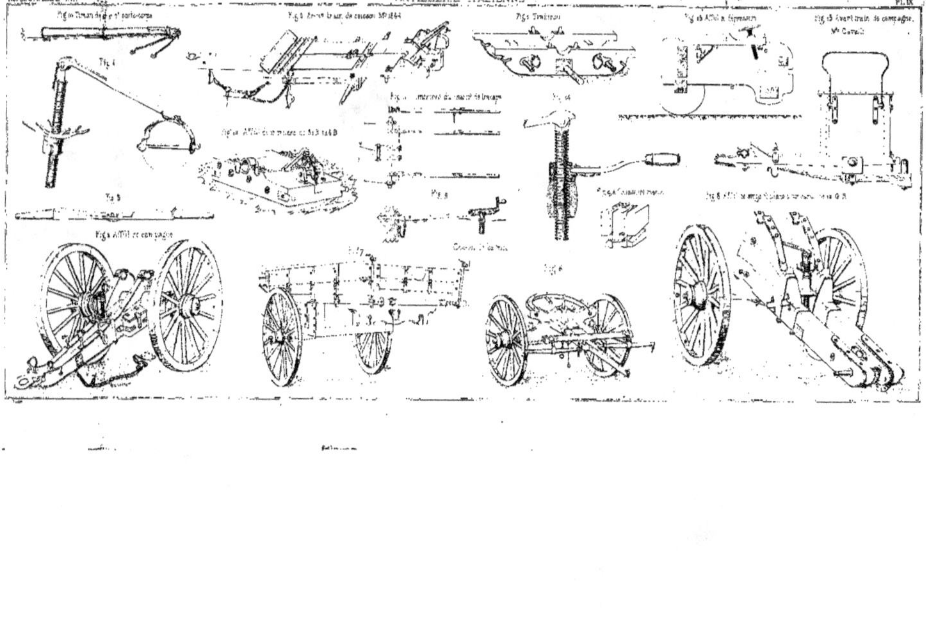

ARTILLERIE ITALIENNE

Affût de place pour canon de 87 A. R.

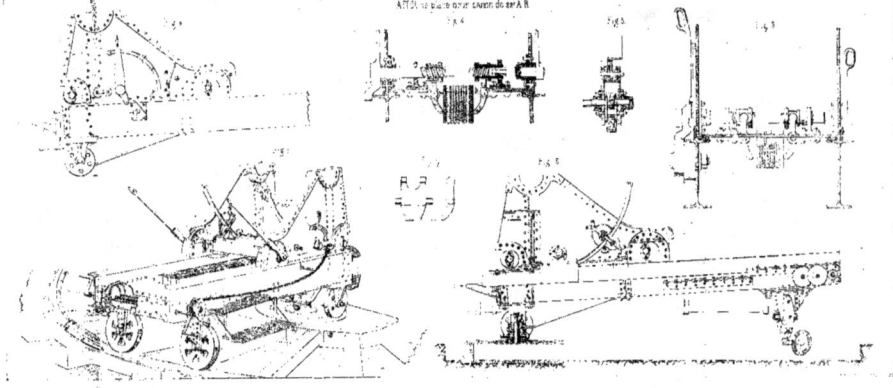

Fig. 4   Fig. 5   Fig. 6

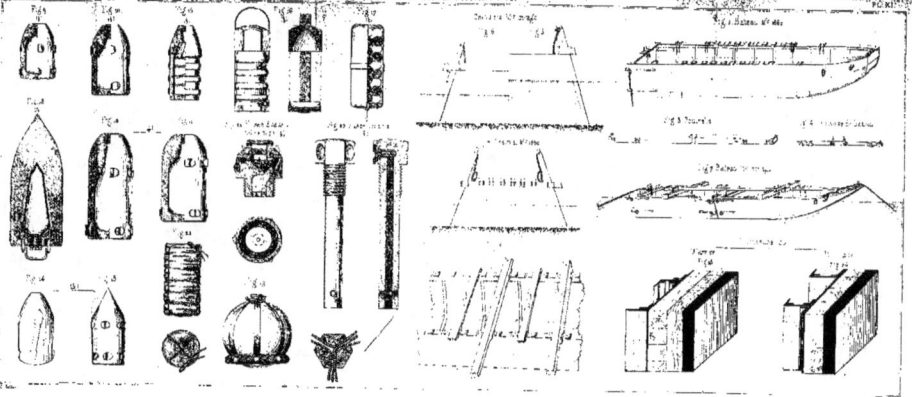

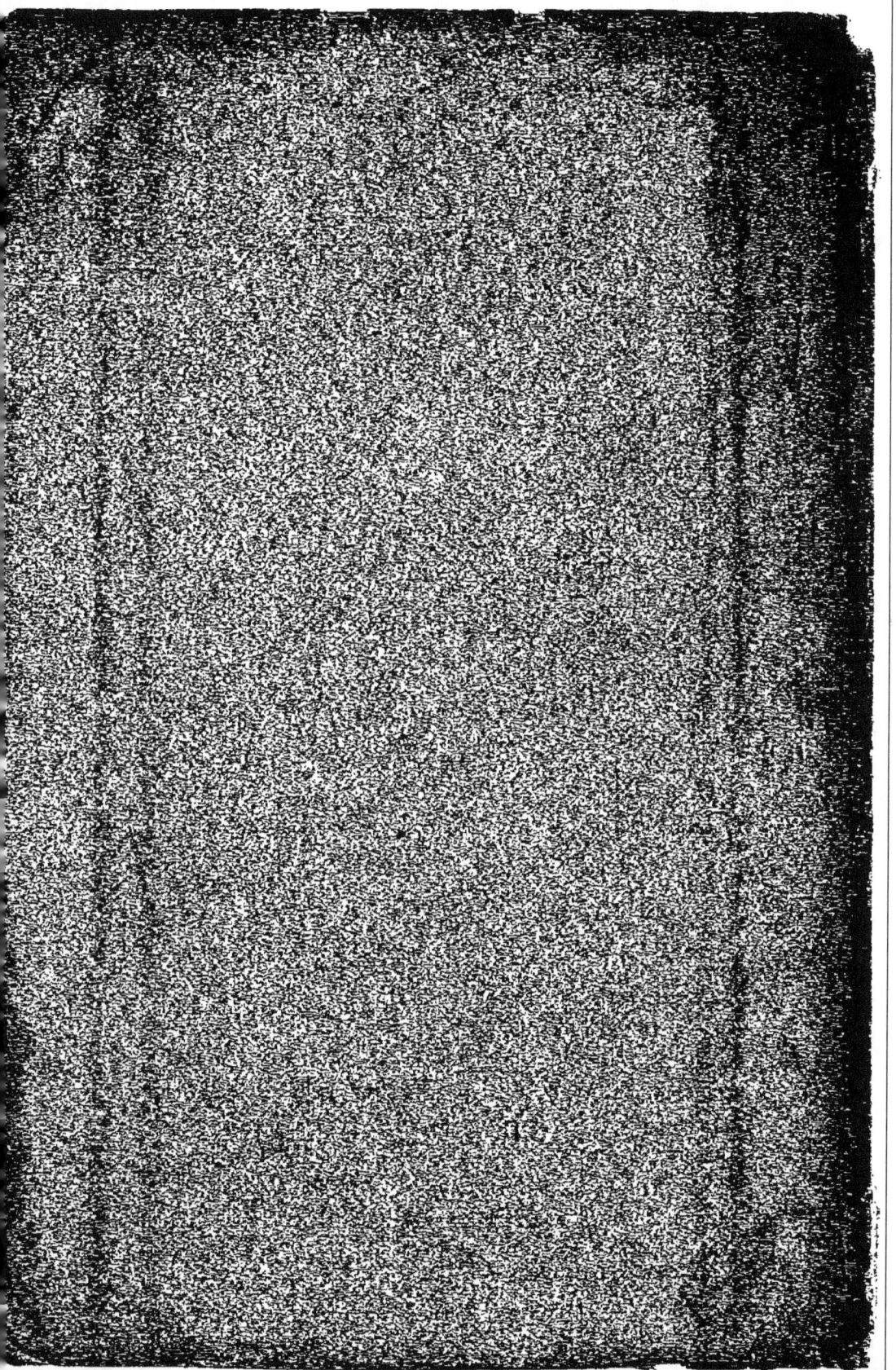

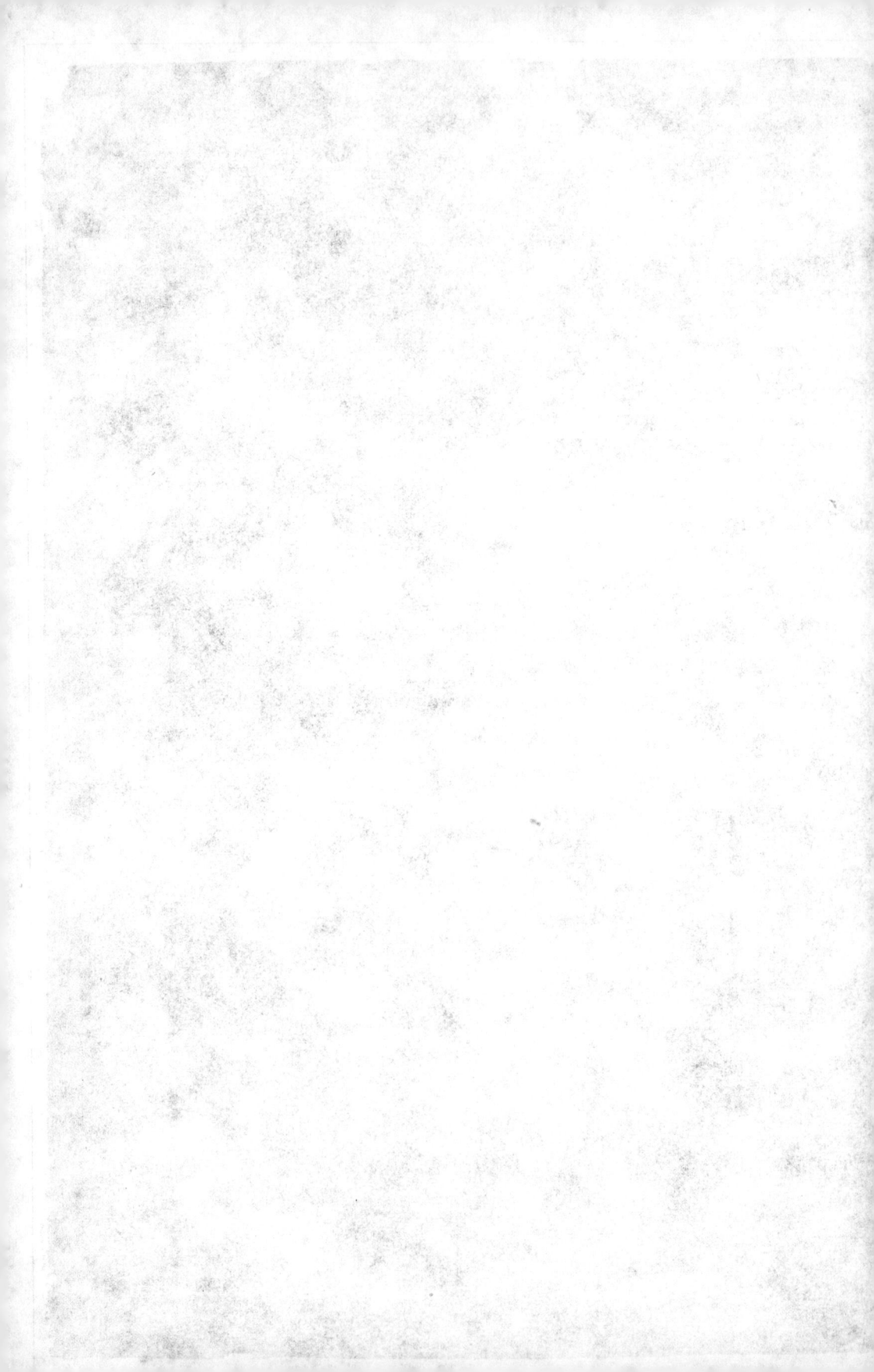

www.ingramcontent.com/pod-product-compliance
Lightning Source LLC
Chambersburg PA
CBHW071226290326
41931CB00037B/1977